Hans Bergmann

Das große Trainingsbuch

Mathematik

4. Schuljahr

Alles für den Übergang auf weiterführende Schulen

Ernst Klett Verlag

Stuttgart Düsseldorf Leipzig

Bibliographische Information der Deutschen Bibliothek
Die Deutsche Bibliothek verzeichnet diese Publikation in der Deutschen Nationalbibliographie;
detaillierte bibliographische Daten sind im Internet über http://dnb.ddb.de abrufbar.

Auflage 6. 5. 4. | 2005 2004 2003
Die letzten Zahlen bezeichnen jeweils die Auflage und das Jahr des Druckes.
Dieses Werk folgt der reformierten Rechtschreibung und Zeichensetzung.
© Ernst Klett Verlag GmbH, Stuttgart 2001
Alle Rechte vorbehalten.
Internetadresse: http://www.klett-lerntraining.de
E-Mail: klett-kundenservice@klett-mail.de
Umschlaggestaltung und Leitfigur: Thomas Thiemeyer, Stuttgart
Grundlayout: Jutta Sailer, Stuttgart
Illustrationen und DTP: Clormann & Welkenbach, Wiesbaden
Repro: Schwabenrepro, Stuttgart
Druck: Druckerei Wirtz, Speyer
ISBN 3-12-929348-5

Inhalt

Hallo, liebe(r) _Melissa_ !

(Trage hier deinen Namen ein.)

In diesem Übungsbuch findest du alles, was du im 4. Schuljahr im Fach Mathematik wissen und können solltest. Natürlich musst du nicht in jedem Fall das gesamte Buch durcharbeiten. Du kannst dir einfach das aussuchen, was dir am meisten Schwierigkeiten bereitet. Dieses Thema übst du dann so lange, bis du fit bist.

Lies die einzelnen Aufgaben bzw. Aufgabenteile durch und notiere die Lösungen – falls dafür Leerzeilen vorgesehen sind – im Buch. Schreibe bei umfangreicheren Aufgaben den Lösungsweg vollständig auf, denn nur so kannst du bei der Kontrolle mit dem Lösungsheft deine Rechen- und Denkfehler aufspüren. Befrage aber dein Lösungsheft nur dann, wenn du eine Aufgabe gelöst hast oder wenn du einmal gar nicht mehr weiter weißt.

Wenn du aber zunächst wissen willst, wie fit du schon in einem bestimmten Bereich bist, kannst du auch als erstes den Test lösen. Am Ende jedes Kapitels befindet sich ein Test, der dir zeigt, ob du den Stoff schon gut im Griff hast. Außerdem kannst du bei den Zusammenfassungen nachschlagen, was du dir zu einem bestimmten Thema merken solltest.

Auf jeden Fall bist du gut vorbereitet für den Wechsel auf die weiterführende Schule, wenn du das meiste von dem kannst, was in diesem Buch steht.

Wir wünschen dir viel Spaß und Erfolg!

In diesem Kapitel findest du eine Fülle von Aufgaben, die dazu dienen, deine Rechenfertigkeiten in Gang zu bringen bzw. in Schwung zu halten.
So arbeitest du mit magischen Quadraten, Tabellen, Verknüpfungstafeln und Kettenaufgaben. Außerdem wiederholst du, wie man sich das Rechnen durch Weglassen der Nullen, Zerlegen der Zahlen und Verändern der Aufgaben erleichtern kann.

Solche Aufgaben schaffst du im Kopf

1
7 + 9 = _____   15 – 8 = _____   35 + 6 = _____
27 + 9 = _____   35 – 8 = _____   47 – 8 = _____
67 + 9 = _____   65 – 8 = _____   79 + 4 = _____
87 + 9 = _____   45 – 8 = _____   81 – 6 = _____

40 + 90 = 130	150 – 70 = 80
denke an: 4 + 9 = 13	denke an: 15 – 7 = 8

2
70 + 60 = _____   160 – 90 = _____   30 + 80 = _____
80 + 90 = _____   120 – 50 = _____   140 – 70 = _____
50 + 60 = _____   110 – 40 = _____   40 + 90 = _____
60 + 70 = _____   170 – 80 = _____   110 – 50 = _____

540 + 70 = 610	620 – 50 = 570
denke an: 54 + 7 = 61	denke an: 62 – 5 = 57

3
820 + 90 = _____   670 – 90 = _____   170 + 90 = _____
650 + 60 = _____   810 – 20 = _____   210 – 30 = _____
130 + 80 = _____   380 – 80 = _____   880 + 40 = _____
750 + 50 = _____   540 – 50 = _____   430 – 40 = _____

Wie magisch sind diese Quadrate?

1 Diese Quadrate besitzen merkwürdige Eigenschaften. Findest du sie?

4	9	2
3	5	7
8	1	6

15

a) $4 + 9 + 2 = 15$ → Überprüfe die Summen in den anderen **Zeilen**.

b) $4 + 3 + 8 = 15$ ↓ Welche Summen ergeben sich in den anderen **Spalten**?

c) $4 + 5 + 6 = 15$ ↘ Kontrolliere die Summe in der zweiten **Diagonalen**.

In **magischen Quadraten** sind diese Summen immer gleich groß.

2 Überprüfe, welches dieser Quadrate **kein** magisches Quadrat ist. Kannst du den Fehler berichtigen?

a)

8	13	6
7	9	11
12	5	10

27

b)

8	9	4
3	7	11
10	2	6

21

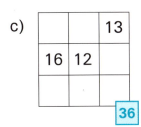

3 Jetzt sollst du unvollständige Quadrate zu magischen Quadraten ergänzen. Die Zahl unten rechts neben dem Quadrat gibt an, welche Summen sich jeweils in Zeilen, Spalten und Diagonalen ergeben.

Die beiden farbigen Felder in Quadrat a) kannst du sofort ergänzen. Berechne dann das Feld in der Diagonalen. Es ist nun leicht die noch fehlenden Zahlen einzutragen.

a)

70		50
	90	

240

b)

130		
	100	140

300

c)

		13
16	12	

36

d)

		13
	14	
		11

42

Rechnen in Tabellen

In diesen Tabellen kannst du leicht überprüfen, ob du
richtig gerechnet hast: Es gibt eine Kontrollzahl.

In jeder Zeile und Spalte sollen hier die
Zahlen addiert bzw. subtrahiert werden.
Rechne so:

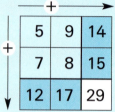

$5 + 9 = 14$
$+$
7
$=$
12

Kontrollzahl: 29

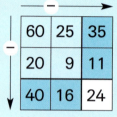

$60 - 25 = 35$
$-$
20
$=$
40

Kontrollzahl: 24

1 Kontrolliere die Tabellen. In einer
steckt ein Fehler. Berichtige ihn.

a) 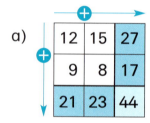   b)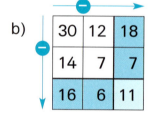

2 Fülle die leeren Kästchen aus. Prüfe
deine Rechnungen, indem du alle
möglichen Additionen und Subtrak-
tionen ausführst.

a) 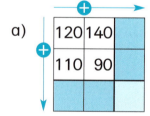   b) 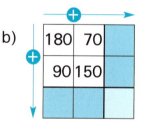   c)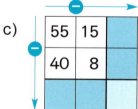

3 Hier wird nur von oben nach unten
gerechnet. Trage die fehlenden
Werte ein.

a)

18	25	8	12	30	78
7	9	24	15	41	20
25					

b)

25	36	45	32	35	46
8	20	8	14	17	20
17					

So rechnest du halbschriftlich

Bei diesen Aufgaben ist es nützlich, Zwischenergebnisse zu notieren. Man rechnet dann halbschriftlich:

Rechne durch Zerlegen: 56 + 37 = ?

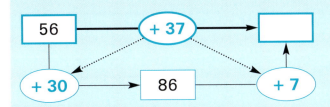

Schreibe die Rechnung so:
56 + 37 = 86 + 7 = 93

84 – 35 = ?

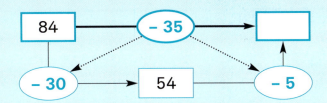

84 – 35 = 54 – 5 = 49

1 Rechne im Heft und schreibe hier nur
die Ergebnisse auf.

84 + 19 = _____   92 – 27 = _____   79 + 17 = _____

46 + 28 = _____   81 – 49 = _____   83 – 45 = _____

39 + 45 = _____   45 – 28 = _____   24 + 39 = _____

72 + 19 = _____   51 – 26 = _____   74 – 55 = _____

Auch hier zerlegt man die zweite Zahl:
350 + 86 = ?

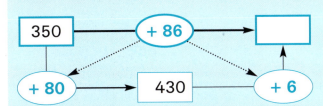

Schreibe die Rechnung wieder so:
350 + 86 = 430 + 6 = 436

420 – 45 = ?

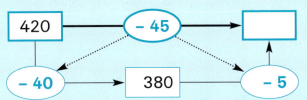

420 – 45 = 380 – 5 = 375

2 Notiere hier nur die Ergebnisse:

420 + 95 = _____   410 – 96 = _____   360 + 77 = _____

370 + 84 = _____   820 – 38 = _____   250 – 63 = _____

250 + 76 = _____   240 – 56 = _____   170 + 45 = _____

720 + 91 = _____   540 – 65 = _____   210 – 88 = _____

Hier kannst du beim Rechnen die Nullen weglassen:

$5800 + 450 = ?$

denke an
580 + 45 $= 620 + 5 = 625$

also
580|0| + 45|0| = 625|0|

$5300 - 460 = ?$

denke an
530 - 46 $= 490 - 6 = 484$

also
530|0| - 46|0| = 484|0|

3 Rechne im Heft und schreibe hier nur
die Ergebnisse auf.

$3500 + 820 =$ _____ $8400 - 820 =$ _____ $6300 + 950 =$ _____

$6700 + 410 =$ _____ $6300 - 590 =$ _____ $7600 - 750 =$ _____

$8600 + 520 =$ _____ $4300 - 820 =$ _____ $9300 - 660 =$ _____

$4800 + 970 =$ _____ $2100 - 460 =$ _____ $2600 + 850 =$ _____

Nutze die Rechenvorteile durch geschicktes
Zusammenfassen der Zahlen:

28 + 35 + **12** = ?   **87** - 29 - **17** = ?

28 + **12** + 35 = **40** + 35 = 75   **87** - **17** - 29 = **70** - 29 = 41

4 Rechne im Heft.

$35 + 28 + 25 =$ _____ $93 - 37 - 23 =$ _____

$49 + 34 + 21 =$ _____ $81 - 45 - 21 =$ _____

$33 + 18 + 47 =$ _____ $76 - 28 - 16 =$ _____

Oder so:

$35 + $ **27** $ + $ **43** $ = ?$ $84 - $ **27** $ - $ **33** $ = ?$

$35 + $ **70** $ = 105$ $84 - $ **60** $ = 24$

5 Rechne im Heft.

$54 + 25 + 15 =$ _____ $64 - 17 - 23 =$ _____

$33 + 17 + 43 =$ _____ $71 - 35 - 25 =$ _____

$38 + 19 + 21 =$ _____ $93 - 24 - 46 =$ _____

So füllst du Verknüpfungstafeln aus

1 Diese Tabellen heißen Verknüpfungs-
tafeln. Die Verknüpfung – hier Addi-
tion und Subtraktion – ist jeweils
oben links auf der Verknüpfungstafel
vermerkt.

a)

+	8	12	15	25
27	35	39		
43				
55				
38				

Gehe so vor: 27 + 8 = 35,
dann Ergebnis eintragen!

Weiterrechnen mit 27 + 12 = 39 usw.

Fülle die Tafel aus.

b)

–	80	120	150	250
270	190	150		
430				
550				
380				

270 – 80 = 190 ➤ 190 eintragen!

270 – 120 = 150 ➤ 150 eintragen!

Fülle auch diese Verknüpfungstafel aus.

2 Rechne aus:

a)

+	60	23	32	17
340				
660				
410				
790				

b)

–	60	23	32	17
340				
660				
410				
790				

c)

+	50	90	80	40
110				
480				
220				
340				

d)

–	50	90	80	40
110				
480				
220				
340				

Jetzt werden die Zahlen größer!

Es gibt keinen Grund, sich vor großen Zahlen zu fürchten: Das Rechnen folgt nach den gleichen Regeln wie bei kleinen Zahlen.

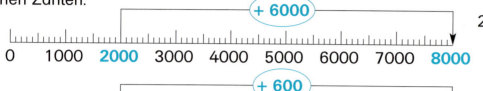

$$2000 + 6000 = \boxed{8000}$$

$$200 + 600 = \boxed{800}$$

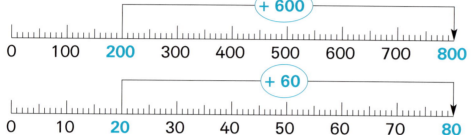

$$20 + 60 = \boxed{80}$$

$$2 + 6 = \boxed{8}$$

1 a)

$$4 + 3 = \boxed{7}$$
$$40 + 30 = \boxed{70}$$
$$400 + 300 = \boxed{700}$$
$$4000 + 3000 = \boxed{7000}$$

b)

$$8 - 6 = \boxed{2}$$
$$80 - 60 = \boxed{20}$$
$$800 - 600 = \boxed{200}$$
$$8000 - 6000 = \boxed{2000}$$

> Das Rechnen mit reinen Zehner-, Hunderter- oder Tausenderzahlen kannst du fast immer auf das Rechnen mit deutlich kleineren Zahlen zurückführen. Rechne also **ohne** Nullen und füge sie im Ergebnis wieder an.

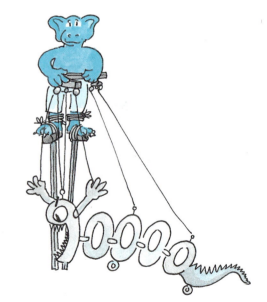

Beispiel:
Bei der Aufgabe
$24000 + 8000 = 32000$
denke an **$24 + 8 = 32$**

2 Löse in deinem Heft ebenso:

$32000 + 16000 =$	$47000 - 5000 =$	$16000 + 7000 =$
$45000 + 9000 =$	$62000 - 18000 =$	$29000 - 14000 =$
$87000 + 12000 =$	$41000 - 19000 =$	$35000 + 26000 =$

Auch hier kannst du jeweils an eine
leichter zu rechnende Aufgabe denken:

Beispiele: 7850 + 90 = 7940
          785 +   9 =   794

          6250 − 80 = 6170
          625 −   8 =   617

3 Rechne ebenso:

4200 +   900 = _____   6340 +   80 = _____   5320 −   70 = _____

  700 + 8600 = _____   7920 +   90 = _____   4840 −   90 = _____

6700 +   500 = _____   650 + 120 = _____   6700 − 800 = _____

Auch hier kannst du einfacher rechnen:
Du lässt die Tausender zunächst weg.

Beispiele: 2436 + 80 = 2516
          436 + 80 =   516

          5728 − 90 = 5638
          728 − 90 =   638

4 Rechne ebenso:

4335 + 90 = _____   9145 + 250 = _____   4375 − 80 = _____

5147 + 70 = _____   6271 + 320 = _____   5125 − 40 = _____

6244 + 80 = _____   7515 + 150 = _____   6721 − 90 = _____

Rechne schrittweise:

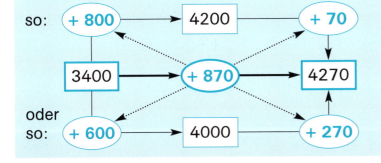

Schreibe so:

3400 + 870 = 4200 + 70 = 4270

oder so:

3400 + 870 = 4000 + 270 = 4270

5 Rechne ebenso. Schreibe in dein Heft.

4800 + 580 =   5600 + 820 =
7600 + 490 =   6800 + 470 =
6800 + 760 =   3700 + 960 =

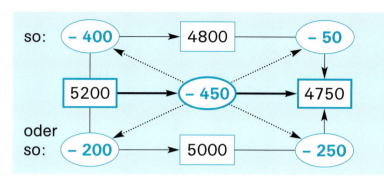

so:

Schreibe so:

$5200 - 450 = 4800 - 50 = 4750$

oder so:

$5200 - 450 = 5000 - 250 = 4750$

6 Schreibe in dein Heft.

$7300 - 860 =$
$6400 - 750 =$
$8200 - 430 =$
$9500 - 620 =$

$8100 - 350 =$
$6300 - 480 =$
$7200 - 560 =$
$8200 - 840 =$

Ergänzen bis zum nächsten vollen Tausender: $6780 + \mathbf{220} = \mathbf{7000}$

7 $9320 + \underline{} = 10000$

$8450 + \underline{} = \underline{}$

$7260 + \underline{} = \underline{}$

$8150 + \underline{} = \underline{}$

$6370 + \underline{} = \underline{}$

$4140 + \underline{} = \underline{}$

$2530 + \underline{} = \underline{}$

$6150 + \underline{} = \underline{}$

8 a)

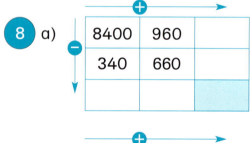

+		
8400	960	
340	660	

b)

+		
5600	580	1180
550	450	1000
5150	130	1180

c)

+		
12000	1500	
19000	800	

d)

−		
67000	35000	
41000	29000	

9 a) Addiere zu 4800 siebenmal nacheinander 400. Welche Zahl erhältst du?

b) Um wie viel ist die Zahl insgesamt gewachsen?

c) Überprüfe mit nur einer Rechnung dein Ergebnis.

Das kleine Einmaleins brauchst du immer

Das kleine Einmaleins ist Voraussetzung für alle weiteren
Multiplikationen. Du musst es deshalb beherrschen.

1 Multipliziere immer nebeneinander
stehende Zahlen miteinander.
Schreibe die Ergebnisse in die leeren
Felder.

a)

Beispiel:
2 · 3 = 6
3 · 4 = ...

b)

2 Fülle diese Rechenräder aus.

a) 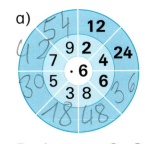   b) 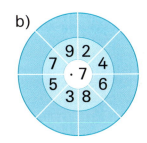   c) 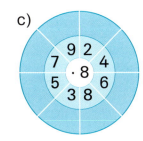   d)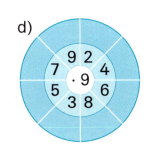

Rechne so: 2 · 6 = 12
4 · 6 = 24
6 · 6 = ...

3 Fülle auch diese Rechenräder aus.

a) 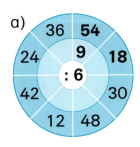   b) 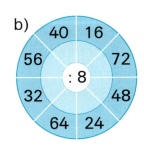   c)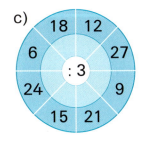

Rechne so: 54 : 6 = 9
18 : 6 = ...

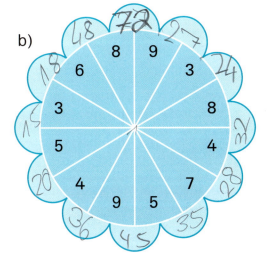

Rechnen mit Zehner-, Hunderter-, Tausenderzahlen

Solche Aufgaben musst du beherrschen:

4 · 10 = 40	80000 : 10000 = 8
4 · 100 = 400	80000 : 1000 = 80
4 · 1000 = 4000	80000 : 100 = 800
4 · 10000 = 40000	80000 : 10 = 8000

So wird es gerechnet:

Beispiele: 4 · 1<u>00</u> = 4<u>00</u>   8<u>000</u>0 : 1<u>000</u> = 80

Nullen anhängen!   Nullen streichen!

1 Rechne ebenso:

a)

·	100	10	1000	10000
25				
7				
135				
50				

b)

:	1000	10	100
37000			
180000			
90000			
72000			

> Das Rechnen mit reinen Zehner-, Hunderter- oder Tausenderzahlen kannst du fast immer auf das Rechnen mit deutlich kleineren Zahlen zurückführen. Rechne also **ohne** Nullen und füge sie im Ergebnis wieder an.

Suche zu jeder Aufgabe eine leichtere, die dir hilft.

Beispiele: 5 · 800 = 4000   48000 : 8 = 6000

(·100) (·100)   (·1000) (·1000)

5 · 8 = 40   48   : 8 = 6

2 Löse ebenso in deinem Heft:

a) 7 · 500 =   b) 9 · 70 =   c)   250 : 5 =
   6 · 9000 =   5 · 800 =   4500 : 9 =
   8 · 1200 =   6 · 9000 =   12000 : 6 =

d)

·	40	300	7000
15			
7			
9			
12			

e)

:	4	6	12
24000			
6000			
720			
36000			

Auch hier hilft eine leichtere Aufgabe.

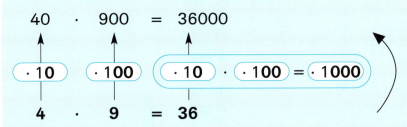

$$40 \cdot 900 = 36000$$

↑ ·10   ↑ ·100   ↑ ·10 · ·100 = ·1000

$$4 \cdot 9 = 36$$

also:

$$40 \cdot 900 = 36000$$

Nullen anhängen!

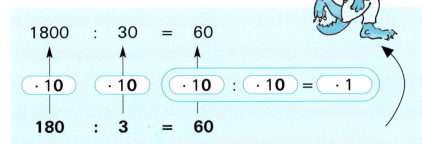

$$1800 : 30 = 60$$

↑ ·10   ↑ ·10   ↑ ·10 : ·10 = ·1

$$180 : 3 = 60$$

also:

$$180\not{0} : 3\not{0} = 60$$

Nullen streichen!

3 Rechne ebenso:

a) 500 · 40 = _____
    70 · 8000 = _____
    120 · 600 = _____
    500 · 800 = _____

b) 7200 : 80 = _____
    7200 : 800 = _____
    4500 : 50 = _____
    4500 : 500 = _____

c) 81000 : 90 = _____
    5600 : 80 = _____
    420 : 60 = _____
    48000 : 6000 = _____

d)

·	50	600	7000
70			
800			
40			
200			

e)

:	30	200	600
7200			
18000			
2400			
12000			

Hier notiert man sich Zwischenergebnisse

Auch bei diesen Aufgaben kann man sich
die Rechnung erleichtern:

Beispiel:
$$295 \cdot 6$$
$$\begin{array}{rcl} 200 \cdot 6 &=& 1200 \\ + \quad 90 \cdot 6 &=& 540 \\ + \quad 5 \cdot 6 &=& 30 \\ \hline 295 \cdot 6 &=& 1770 \end{array}$$

1 Rechne in deinem Heft und zerlege
die Zahlen in gleicher Weise:

a) $139 \cdot 7$ = _____
  $523 \cdot 4$ = _____
  $621 \cdot 7$ = _____
  $317 \cdot 9$ = _____

b) $241 \cdot 6$ = _____
  $824 \cdot 5$ = _____
  $937 \cdot 8$ = _____
  $425 \cdot 6$ = _____

c) $148 \cdot 3$ = _____
  $534 \cdot 9$ = _____
  $712 \cdot 6$ = _____
  $453 \cdot 8$ = _____

Rechne wie bisher. Schreibe aber nur die
Zwischenergebnisse auf:

Beispiel: $295 \cdot 6 = 1200 + 540 + 30 = 1770$

2 a) $235 \cdot 7$ = _____ + _____ + _____ = _____
  $412 \cdot 8$ = _____ + _____ + _____ = _____
  $521 \cdot 3$ = _____ + _____ + _____ = _____
  $216 \cdot 5$ = _____ + _____ + _____ = _____

Rechne in deinem Heft:

b) $137 \cdot 5$ =
  $217 \cdot 3$ =
  $429 \cdot 4$ =
  $832 \cdot 6$ =

c) $625 \cdot 2$ =
  $721 \cdot 9$ =
  $169 \cdot 8$ =
  $432 \cdot 5$ =

d) $316 \cdot 7$ =
  $425 \cdot 8$ =
  $679 \cdot 6$ =
  $431 \cdot 9$ =

Auch dividieren kann man in Teilschritten. Du musst nur darauf achten, dass du die Aufgaben in solche Teilaufgaben zerlegst, die beim Dividieren aufgehen:

Beispiel: 6852 : 6

$$
\begin{aligned}
6000 : 6 &= 1000 \\
+\quad 600 : 6 &= 100 \\
+\quad 240 : 6 &= 40 \\
+\quad \underline{12 : 6} &= \underline{2} \\
6852 : 6 &= 1142
\end{aligned}
$$

3 Rechne in gleicher Weise in deinem Heft:

a) 5965 : 5 =
   4269 : 3 =
   4254 : 6 =
   8199 : 9 =

b) 4345 : 5 =
   7236 : 9 =
   1484 : 4 =
   7092 : 3 =

c) 4896 : 4 =
   6084 : 6 =
   9785 : 5 =
   5360 : 8 =

Rechne auch hier wie bisher. Schreibe aber nur noch die Zwischenergebnisse auf:

Beispiel: 6852 : 6 = 1000 + 100 + 40 + 2 = 1142

4 a) 8245 : 5 = _____ + _____ + _____ = _____

   6248 : 4 = _____ + _____ + _____ = _____

   9423 : 9 = _____ + _____ + _____ = _____

   8568 : 7 = _____ + _____ + _____ = _____

Rechne in deinem Heft:

b) 5425 : 5 =
   8478 : 2 =
   4124 : 4 =
   7248 : 8 =

c) 3714 : 3 =
   9522 : 9 =
   4374 : 6 =
   8735 : 5 =

d) 3212 : 4 =
   6732 : 9 =
   4125 : 3 =
   7525 : 5 =

5 a) Ein Gartenweg wird mit 4 Reihen Platten belegt. In jede Reihe gehen 198 Platten. Wie viele Platten benötigt man?

b) Wie viele Platten benötigt man, wenn 6 Reihen verlegt werden?

6 a) 2648 Platten sollen in 4 Reihen verlegt werden. Wie viele Platten passen in jede Reihe?

b) Jetzt sollen es 8 Reihen sein. Wie viele Platten liegen nun in jeder Reihe?

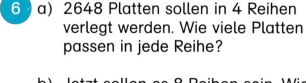

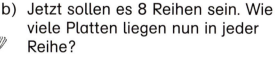

Nicht alles geht auf: Teilen mit Rest

Du kannst jede Divisionsaufgabe durch
eine Multiplikationsaufgabe überprüfen.
$42 : 6 = 7 \longrightarrow 7 \cdot 6 = 42$
$7 \cdot 6$ ist dann die Probeaufgabe für $42 : 6$

Rechne zu jeder Aufgabe auch die Probe-
aufgabe. Schreibe so:

$35 : 5 = \boxed{7} \longrightarrow \boxed{7} \cdot 5 = 35$

1 a) $45 : 5 =$ b) $320 : 4 =$ c) $560 : 70 =$ d) $540 : 30 =$
  $36 : 6 =$ $180 : 6 =$ $480 : 80 =$ $270 : 30 =$
  $28 : 7 =$ $250 : 5 =$ $210 : 30 =$ $400 : 80 =$

Bei diesen Aufgaben bleibt ein Rest.
Du sollst auch hier eine Proberechnung
durchführen. Sie geht so:

$45 : 6 = 7 \text{ R } \mathbf{3} \longrightarrow 7 \cdot 6 + \mathbf{3} = 45$

2 a) $\quad 29 : 7 =$ b) $\quad 35 : 8 =$
  $35 : 6 =$ $42 : 5 =$
  $51 : 8 =$ $26 : 3 =$

  c) $242 : 8 =$ d) $200 : 70 =$
  $185 : 6 =$ $280 : 90 =$
  $251 : 5 =$ $310 : 50 =$

Aufpassen: Beim Teilen mit Rest gibt es
diese Schreibweisen. Schreibe so, wie du
es gelernt hast.

$39 : 7 = \mathbf{5} \text{ R } \mathbf{4}$ $\qquad 450 : 70 = \mathbf{6} \text{ R } \mathbf{30}$
oder $\qquad\qquad\qquad$ oder
$39 = \mathbf{5} \cdot 7 + \mathbf{4}$ $\qquad 450 = \mathbf{6} \cdot 70 + \mathbf{30}$
oder $\qquad\qquad\qquad$ oder
$39 : 7 = \mathbf{5} + \mathbf{4} : 7$ $\quad 450 : 70 = \mathbf{6} + \mathbf{30} : 70$

3 a) $\quad 46 : 9 =$ b) $420 : 80 =$ c) $\quad 35 : 6 =$
  $58 : 7 =$ $840 : 90 =$ $430 : 70 =$
  $62 : 8 =$ $610 : 70 =$ $600 : 80 =$

Rechenvorteile erleichtern das Rechnen

Es lässt sich leichter addieren bzw. subtrahieren, wenn jeweils **eine Zahl eine reine Zehnerzahl** ist. Bestätige durch Nachrechnen, dass man die Aufgaben so verändern darf, ohne dass sich ihre Ergebnisse ändern.

Beispiele:

$$56 + 38 = \boxed{94} \qquad 56 - 38 = \boxed{18}$$

$$\overset{-2}{} \quad \overset{+2}{} \qquad \overset{+2}{} \quad \overset{+2}{}$$

$$54 + 40 = \boxed{94} \qquad 58 - 40 = \boxed{18}$$

1 Mache eine Zahl zur Zehnerzahl und löse die Aufgaben.

$$39 + 45 = \boxed{}$$
$$\overset{+1}{} \quad \overset{-1}{}$$
$$40 + \boxed{} = \boxed{}$$

$$168 + 25 = \boxed{}$$
$$\boxed{} + \boxed{} = \boxed{}$$

$$41 + 58 = \boxed{}$$
$$\boxed{} + \boxed{} = \boxed{}$$

$$72 - 34 = \boxed{}$$
$$78 - \boxed{} = \boxed{}$$

$$186 - 49 = \boxed{}$$
$$\boxed{} - \boxed{} = \boxed{}$$

$$96 - 58 = \boxed{}$$
$$\boxed{} - \boxed{} = \boxed{}$$

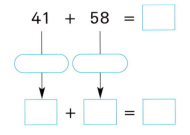
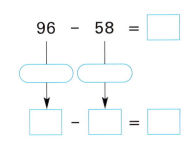

2 Rechne geschickt:

a) $69 + 25 =$
$76 + 28 =$
$139 + 46 =$
$248 + 45 =$

b) $95 - 38 =$
$127 - 99 =$
$259 - 63 =$
$61 - 39 =$

c) $37 + 59 =$
$176 - 68 =$
$219 + 76 =$
$109 - 53 =$

Zeige durch Nachrechnen, dass sich
diese Aufgaben so verändern lassen:

$48 \cdot 9 = \boxed{432}$

$\mathbf{48 \cdot 10 - 48 =}$

$\mathbf{480 - 48 = \boxed{432}}$

$48 \cdot 11 = \boxed{528}$

$\mathbf{48 \cdot 10 + 48 =}$

$\mathbf{480 + 48 = \boxed{528}}$

Notiere beim Rechnen gleich die
Zwischenergebnisse:

$48 \cdot 9 = 480 - 48 = \boxed{432}$

$48 \cdot 11 = 480 + 48 = \boxed{528}$

3 Löse ebenso:

$78 \cdot 9 = \rule{2cm}{0.4pt}$

$37 \cdot 9 = \rule{2cm}{0.4pt}$

$66 \cdot 9 = \rule{2cm}{0.4pt}$

$33 \cdot 9 = \rule{2cm}{0.4pt}$

$72 \cdot 11 = \rule{2cm}{0.4pt}$

$35 \cdot 11 = \rule{2cm}{0.4pt}$

$62 \cdot 11 = \rule{2cm}{0.4pt}$

$27 \cdot 11 = \rule{2cm}{0.4pt}$

Darf man die Aufgaben auch so
verändern?

$69 \cdot 8 = \boxed{552}$

$\mathbf{70 \cdot 8 - 8 =}$

$\mathbf{560 - 8 = \boxed{552}}$

$71 \cdot 8 = \boxed{568}$

$\mathbf{70 \cdot 8 + 8 =}$

$\mathbf{560 + 8 = \boxed{568}}$

Schreibe beim Rechnen gleich die
Zwischenergebnisse auf:

$69 \cdot 8 = 560 - 8 = \boxed{552}$

$71 \cdot 8 = 560 + 8 = \boxed{568}$

4 Löse ebenso:

$89 \cdot 6 = \rule{2cm}{0.4pt}$

$59 \cdot 8 = \rule{2cm}{0.4pt}$

$39 \cdot 4 = \rule{2cm}{0.4pt}$

$99 \cdot 7 = \rule{2cm}{0.4pt}$

$91 \cdot 5 = \rule{2cm}{0.4pt}$

$61 \cdot 7 = \rule{2cm}{0.4pt}$

$71 \cdot 8 = \rule{2cm}{0.4pt}$

$41 \cdot 6 = \rule{2cm}{0.4pt}$

Knobeleien

1 Setze 24, 36 und 44 als Startzahlen ein. Wenn du richtig gerechnet hast, stimmt die Startzahl mit der Zielzahl überein.

Start   Ziel

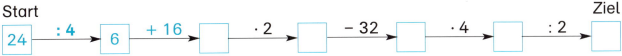

$$24 \xrightarrow{:4} 6 \xrightarrow{+16} \square \xrightarrow{\cdot 2} \square \xrightarrow{-32} \square \xrightarrow{\cdot 4} \square \xrightarrow{:2} \square$$

Beispiel: 24 : 4 = 6

                6 + 16 = ...

2 Versuche, diese Kettenaufgabe im Kopf zu rechnen:

a) $9 \xrightarrow{\cdot 4} \square \xrightarrow{:6} \square \xrightarrow{+32} \square \xrightarrow{-28} \square \xrightarrow{:5} \square \xrightarrow{\cdot 2} \square$

b) $128 \xrightarrow{-18} \square \xrightarrow{:2} \square \xrightarrow{+8} \square \xrightarrow{:9} \square \xrightarrow{\cdot 7} \square \xrightarrow{+25} \square$

Jetzt sollen immer gleiche Zahlen addiert werden. Die Ergebnisse bilden **Zahlenfolgen.**

Beispiel: $\quad 15 \xrightarrow{+4} 19 \xrightarrow{+4} 23 \xrightarrow{+4} 27 \xrightarrow{+4} 31 \xrightarrow{+4}$

Du kannst die Zahlenfolge auch so notieren: 15, 19, 23, 27, 31, . . .

---

3 Setze die Zahlenfolgen um 4 Zahlen fort. Schreibe in deinem Heft.

a) $32 \xrightarrow{+3} 35 \xrightarrow{+3}$

b) $75 \xrightarrow{-8} \square$

c) $7 \xrightarrow{\cdot 2} \square$

d) $243 \xrightarrow{:3} \square$

Zusammenfassung

Hier findest du die wichtigsten Aufgaben aus diesem Kapitel übersichtlich zusammengestellt. Willst du also etwas nachschlagen, so findest du es hier.

Begriffe	Erläuterungen und Beispiele
Addieren und Subtrahieren von Zehner- und Hunderterzahlen	$250 + 70 = 320$ **$25 + 7 = 32$** $3100 - 600 = 2500$ **$31 - 6 = 25$**
Halbschriftliches Addieren und Subtrahieren 	Notiere die Zwischenergebnisse 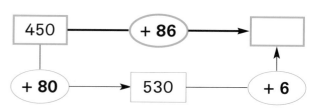 Schreibe die Rechnung so: $450 + 86 = 530 + 6 = 536$ 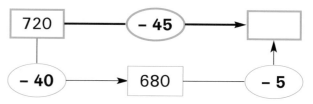 Schriftform: $720 - 45 = 680 - 5 = 675$
Multiplizieren und Dividieren von Zehner- und Hunderterzahlen 	**Nullen anhängen:** $5 \cdot 700 = 3500$ $5 \cdot 7 = 35$ $4200 : 7 = 600$ $42 : 7 = 6$ $500 \cdot 90 = 45000$ $5 \cdot 9 = 45$

Multiplizieren und Dividieren von Zehner- und Hunderterzahlen

Nullen streichen:

$$56000 : 80 = 700$$

$$56 \quad : 8 = 7$$

Halbschriftliches Multiplizieren und Dividieren

Rechne so:

	295	·	6 =	
	200	·	6 =	1200
+	**9**0	·	6 =	540
+	**5**	·	6 =	30
	295	·	6 =	1770

Schreibe so:
$$295 \cdot 6 = 1200 + 540 + 30 = 1770$$

Rechne so:

	1770	:	6 =	
	1200	:	6 =	200
+	**54**0	:	6 =	90
+	**3**0	:	6 =	5
	1770	:	6 =	295

Schreibe so:
$$1700 : 6 = 200 + 90 + 5 = 295$$

Teilen mit Rest

Geht eine Division nicht auf, so kannst du die Aufgabe so
$$450 : 70 = \textbf{6 R 30}$$

oder so
$$450 : 70 = \textbf{6 + 30 : 70}$$

oder so notieren
$$450 = \textbf{6} \cdot \textbf{70 + 30}$$

25

Test

Hier findest du alle wichtigen Aufgaben des letzten
Kapitels. Löse sie und überprüfe so dein Wissen.

1 Rechne die Aufgaben. Verbinde dann
die Ergebniszahlen der Reihe nach
miteinander.

3 · 8 = 24	9 · 6 = ___	49 : 7 = ___	3 · 9 = ___
54 : 6 = 9	42 : 7 = ___	8 · 4 = ___	35 : 7 = ___
7 · 4 = 28	4 · 9 = ___	54 : 9 = ___	9 · 7 = ___
30 : 6 = ___	18 : 6 = ___	5 · 5 = ___	64 : 8 = ___
4 · 3 = ___	8 · 7 = ___	81 : 9 = ___	3 · 6 = ___
18 : 9 = ___	72 : 9 = ___	3 · 7 = ___	21 : 3 = ___

Start

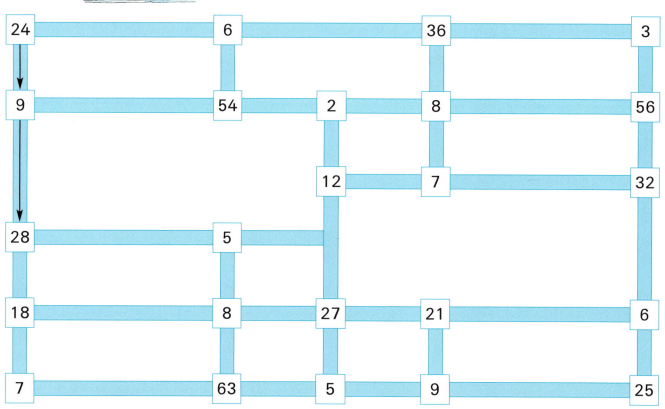

Ziel

2

a) 48000 + 8000 =
   4200 +   700 =
  33000 + 19000 =
   6830 +   80 =

b) 54000 – 26000 =
    6800 –   900 =
    3740 –   80 =
   93000 – 5000 =

3 Rechne schrittweise in deinem Heft:

a) 5700 + 480 = ____ + ____ = ____

7900 + 360 = ____ + ____ = ____

3900 + 590 = ____ + ____ = ____

6800 + 860 = ____ + ____ = ____

b) 9100 – 450 = ____ – ____ = ____

6200 – 380 = ____ – ____ = ____

3500 – 820 = ____ – ____ = ____

4300 – 570 = ____ – ____ = ____

4 Fülle die Tabellen aus:

a)

·	100	30	400	9000
8				
60				
12				
400				

b)

:	3	40	200	600
48000				
2400				
36000				
7200				

5 Löse die Aufgaben schrittweise in deinem Heft:

a) 324 · 6 = ____ + ____ + ____ = ____

612 · 8 = ____ + ____ + ____ = ____

443 · 4 = ____ + ____ + ____ = ____

739 · 3 = ____ + ____ + ____ = ____

b) 1536 : 6 = ____ + ____ + ____ = ____

2475 : 5 = ____ + ____ + ____ = ____

1467 : 3 = ____ + ____ + ____ = ____

5496 : 8 = ____ + ____ + ____ = ____

Wie du weißt, gliedert sich unsere Zahlen-
schreibweise nach Einern, Zehnern,
Hunderten usw.. Nimmt man als
Grundeinheit nicht die Zehn,
sondern die Drei oder die Fünf,
so lassen sich die Einer auch
damit zusammenfassen zu größe-
ren Einheiten. Man arbeitet so
in einem anderen **Stellenwertsystem.**

So kannst du Einer zusammenfassen bzw. bündeln.

1 a) Hier sind 16 Bälle (Einer). Fasse
immer 3 zusammen. Sie sollen in
eine Dose. Zeichne die Dreier ein.

b) Wie viele Dreier erhältst du?
Wie viele Einer bleiben übrig?
Trage die Anzahl in die
Tabelle ein.

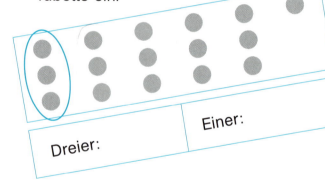

Dreier:	Einer:

2 Jetzt sind die Dreier der Aufgabe 1
jeweils zu **Neunern** zusammengefasst
worden.
Wie viele Neuner gibt es?
Wie viele Dreier und wie viele Einer
bleiben übrig?
Trage die Anzahl in die Tabelle ein.

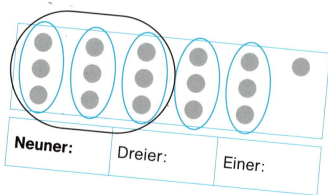

Neuner:	Dreier:	Einer:

Du hast damit die 16 Bälle nach der
Dreierregel gebündelt.

3 a) Fasse von diesen 23 Einern (Bälle) immer 3 zu einem Dreier zusammen. Zeichne sie ein.

b) Bilde aus 3 Dreiern jeweils Neuner. Zeichne auch sie ein.

c) Wie viele Neuner erhältst du? Wie viele Dreier und Einer bleiben übrig? Trage sie in die Tabelle ein.

4 a) Zeichne in die 25 Einer lauter Dreier hinein.

b) Wie viele Neuner erhältst du? Wie viele Dreier und Einer bleiben übrig? Trage die Ergebnisse in die Tabelle ein.

5 a) Jetzt sollen 10 Einer jeweils zu einem Zehner zusammengefasst werden. Zeichne die Zehner ein.

b) Wie viele Zehner erhältst du? Wie viele Einer bleiben übrig? Fülle die Tabelle aus.

c) Vergleiche die Ergebnisse von Aufgabe 4 und 5. Was stellst du fest?

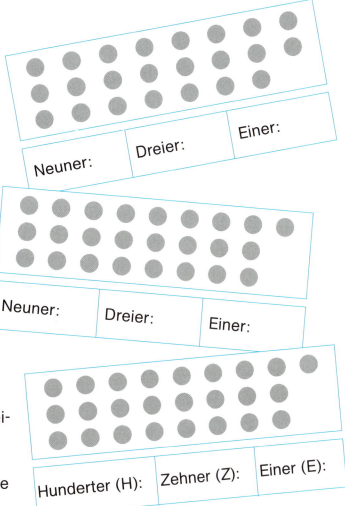

Neuner:	Dreier:	Einer:

Neuner:	Dreier:	Einer:

Hunderter (H):	Zehner (Z):	Einer (E):

Diese Bündelung erfolgte nach der Zehnerregel.

Das Zusammenfassen oder Bündeln
der 25 Einer zu Dreiern kannst du auch
durch Rechnen ausführen:

25 Einer **: 3 = 8** Dreier **+ 1** Einer

6 a) Rechne so weiter:

8 Dreier : 3 = __ Neuner + __ Dreier

b) Trage die Ergebnisse in die
Tabelle ein.

Neuner	Dreier	Einer
–	–	25
–	8	1
		1

Beachte: Diese Tabellen nennt man
auch Stellenwerttafeln.

7 Bündele jetzt 26 Einer rechnerisch zu
Dreiern und Neunern. Fülle gleichzeitig
die Tabelle aus.

26 Einer : 3 = __ Dreier + __ Einer

_____

_____

Neuner	Dreier	Einer
–	–	26
–		

8 Bündele 38 Einer nach Fünfern und Fünfundzwanzigern. 5 Fünfer ergeben 1 Fünfundzwanziger.

Fünfund-zwanziger	Fünfer	Einer
–	–	38
–		

a) Durch welche Zahl musst du jetzt ständig teilen?

b) Rechne und fülle die Tabelle aus.

38 Einer : 5 = ___ Fünfer + ___ Einer

___ Fünfer : 5 = ___ Fünfundzwanziger + ___ Fünfer

9 Bündele 57 nach Fünfern und Fünfundzwanzigern.

Fünfund-zwanziger	Fünfer	Einer
–	–	
–		

_____

_____

Beachte: Wenn man nach Fünfern und Fünfundzwanzigern bündelt, bündelt man im Fünfersystem (Fünferregel).

10 Bündele 57 nach Zehnern. Durch welche Zahl musst du jetzt teilen? Fülle die Tabelle aus.

Hunderter	Zehner	Einer
–	–	
–		

_____

31

So löst du Bündelungen auf

Hier das Bündelungsergebnis im Fünfersystem:

Fünfundzwanziger	Fünfer	Einer
2	3	4

Welche Anzahl wurde gebündelt?
Berechne sie so:

2 Fünfundzwanziger = 2 · 25 = 50
3 Fünfer   = 3 · 5 = 15
4 Einer   = 4 · 1 = 4

Ergebnis: 50 + 15 + 4 = 69

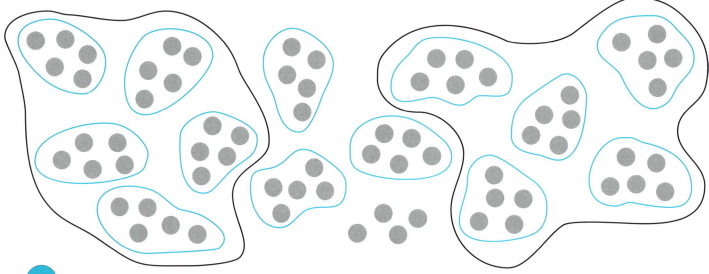

1 Berechne ebenso:

Fünfundzwanziger	Fünfer	Einer
3	2	4

__3__ Fünfundzwanziger = ___ · 25 = _____

_____

_____

Ergebnis: _____

2 Berechne die Anzahlen in deinem Heft:

a)

Fünfundzwanziger	Fünfer	Einer
4	1	2

b)

Fünfundzwanziger	Fünfer	Einer
3	0	4

c)

Fünfund- zwanziger	Fünfer	Einer
2	4	0

d)

Fünfund- zwanziger	Fünfer	Einer
3	4	2

Hier wurde nach dem Zehnersystem gebündelt.

Hunderter H	Zehner Z	Einer E
3	2	5

$3\ H = 3 \cdot 100 = 300$

$2\ Z = 2 \cdot\ 10 =\ 20$

$5\ E = 5 \cdot\ \ 1 =\ \ \ 5$

Ergebnis: $300 + 20 + 5 = 325$

3 Berechne ebenso:

H	Z	E
4	5	6

$4\ H\ =\ \underline{\hspace{1cm}} \cdot 100 = \underline{\hspace{1cm}}$

$5\ Z\ =\ \underline{\hspace{1cm}} \cdot\ \ 10 = \underline{\hspace{1cm}}$

$6\ E\ =\ \underline{\hspace{1cm}} \cdot\ \ \ 1 = \underline{\hspace{1cm}}$

Ergebnis: _____

4 Berechne die Anzahlen in deinem Heft:

a)

H	Z	E
4	2	5

b)

H	Z	E
8	0	2

c)

H	Z	E
3	2	0

33

Aufgepasst beim Umwechseln!

Beim Umwechseln gehst du vor wie beim Bündeln: Einer müssen zu größeren Einheiten zusammengefasst werden.

Im Land Bambusia gibt es nur diese Münzen:

 ist so viel wert wie

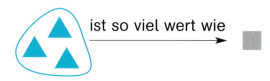 ist so viel wert wie

1 Ein Bambusianer will seine runden Münzen in möglichst wertvolle Geldstücke umtauschen. Trage in die Tabelle ein, was er erhält:

a)

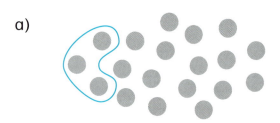

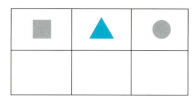

b)

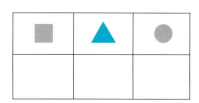

2 Ein anderer Bambusianer besitzt diese Münzen:

a)

■	▲	●
2	1	2

b)

■	▲	●
1	2	2

In wie viele runde Münzen kann er sie umwechseln?

a) _____

b) _____

Bei uns wechselt man so ein:

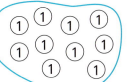 ist so viel wert wie 10 ct

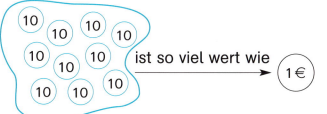 ist so viel wert wie 1 €

3 Wechsle ein und übertrage das Ergebnis in die Tabelle:

1 €	10 ct	1 ct

4 Wechsle zurück. Wie viele Cent erhältst du jeweils?

a)

1 €	10 ct	1 ct
4	2	5

_____ Cent

b)

1 €	10 ct	1 ct
3	1	0

_____ Cent

c)

1 €	10 ct	1 ct
2	0	9

_____ Cent

Zusammenfassung

Hast du Probleme mit den Stellenwertsystemen, so kannst
du hier nachschlagen.

Begriffe	Erläuterungen
Bündeln (Verpacken)	**Bündeln nach Dreierregel:** 3 Einer ⟶ 1 Dreier / 3 Dreier ⟶ 1 Neuner **Bündeln nach Zehnerregel:** 10 Einer ⟶ 1 Zehner / 10 Zehner ⟶ 1 Hunderter

Bündeln nach Dreierregel:

3 Einer $\longrightarrow$ 1 Dreier

3 Dreier $\longrightarrow$ 1 Neuner

Bündeln nach Zehnerregel:

10 Einer $\longrightarrow$ 1 Zehner

10 Zehner $\longrightarrow$ 1 Hunderter

Neuner	Dreier	Einer
1	2	1

Hunderter H	Zehner Z	Einer E
2	7	9

Entbündeln

Auflösen von Bündelungen:

Fünfundzwanziger	Fünfer	Einer
2	3	4

$2 \cdot 25 = 50 \;/\; 3 \cdot 5 = 15 \;/\; 4 \cdot 1 = 4$

Also: $50 + 15 + 4 = \mathbf{69}$

Hunderter H	Zehner Z	Einer E
3	4	7

$3 \cdot 100 = 300 \;/\; 4 \cdot 10 = 40 \;/\; 7 \cdot 1 = 7$

Also: $\mathbf{300} + \mathbf{40} + \mathbf{7} = \mathbf{347}$

Umwechseln

Die Einheiten des Bündelns sind Münzen.

z. B.: ● ⟶ Einer   (1 ct) ⟶ Einer

▲ ⟶ Dreier   oder   (10 ct) ⟶ Zehner

■ ⟶ Neuner   (1 €) ⟶ Hunderter

Test

Überprüfe deinen Lernzuwachs, indem du diese Aufgaben rechnest.

1 Bündele hier nach der Dreierregel. Zeichne die Dreier und Neuner ein und fülle die Tabelle aus.

Neuner	Dreier	Einer

2 Bündele 48 nach Fünfern und Fünfundzwanzigern. Rechne und fülle die Tabelle aus.

_____

_____

_____

Fünfund-zwanziger	Fünfer	Einer
–	–	
–		

3 Entbündele hier. Wie viele Einer ergeben sich?

a)

Fünfund-zwanziger	Fünfer	Einer
3	4	1

_____

b)

Hunderter H	Zehner Z	Einer E
6	2	9

_____

4 Wechseln in Cent und zurück.

■	▲	●
2	1	2

1 €	10 ct	1 ct
5	9	2

△ = Dreier
○ = Einer
□ = Neuner

Die schriftlichen Rechenverfahren, die du in diesem Kapitel wiederholen und üben kannst, sind auch im Computerzeit-alter bedeutsam. Du solltest eben wissen, wie diese Verfahren aufgebaut sind: Kenntnisloses Eintippen am Rechner bringt dich nicht weiter.

> Schriftliches Rechnen ist Rechnen mit Stellenwerten.

So addierst du schriftlich in Stellenwerttafeln.

Berechne die Summe von 2423 und 3164. Addiere in der Stellenwerttafel.

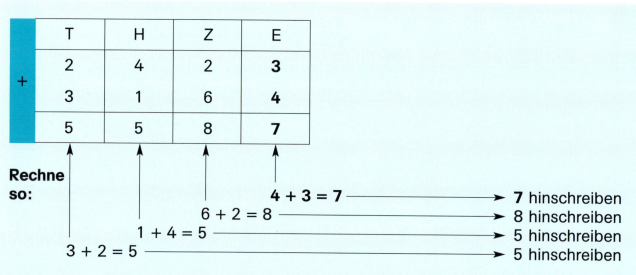

	T	H	Z	E
+	2	4	2	3
	3	1	6	4
	5	5	8	7

Rechne so:

4 + 3 = 7 —————————→ 7 hinschreiben
6 + 2 = 8 —————————→ 8 hinschreiben
1 + 4 = 5 —————————→ 5 hinschreiben
3 + 2 = 5 —————————→ 5 hinschreiben

Sprich so: 4 plus 3 gleich 7
6 plus 2 gleich 8 usw.

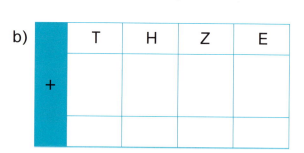

1 a) Addiere 3721 und 5146. Vervoll-ständige die Stellenwerttafel, trage die Zahlen ein und rechne.

b) Addiere ebenso 2165 und 5724.

a)

	T	H	Z	E
+				

b)

	T	H	Z	E
+				

2 a) Berechne die Summe von 4220 und 1429. Rechne in einer Stellenwerttafel in deinem Heft.

b) Bestimme ebenso die Summe von 3265 und 4622.

Addiere 2537 und 4628.

	T	H	Z	E
+	2	5	3	7
	4_1	6	2_1	8
	7	1	6	5

Rechne so:

$8 + 7 = 15$ ⟶ **5** hinschreiben, **1** übertragen

$1 + 2 + 3 = 6$ ⟶ **6** hinschreiben

$6 + 5 = 11$ ⟶ **1** hinschreiben, **1** übertragen

$1 + 4 + 2 = 7$ ⟶ **7** hinschreiben

Sprich so: **8** plus **7** gleich **15**
3 plus 3 gleich 6 usw.

3 Addiere in einer Stellenwerttafel:

a) 4125 + 2516

b) 7483 + 1695

c) 6344 + 2796

Keine Probleme beim schriftlichen Addieren!

Das schriftliche Addieren in einer Stellenwert-
tafel ist zu umständlich. Rechne daher ohne sie.
Denke daran: Es müssen die Zahlen stellen-
wertgerecht untereinander geschrieben werden.
Das heißt, es müssen Einer unter Einern,
Zehner unter Zehnern usw. stehen.

Beispiel: 2147 + 896

falsch: ~~2147~~
            ~~+ 896~~

richtig: 2147
             + 896
             ——————

Rechnung: 2147
             +   896
                 1 1 1
             ——————
                3043

$6 + 7 = 13 \longrightarrow$ ③ hinschreiben
1 Übertrag
$1 + 9 + 4 = 14 \longrightarrow$ ④ hinschreiben
1 Übertrag
$1 + 8 + 1 = 10 \longrightarrow$ ⓪ hinschreiben
1 Übertrag
$1 + 2 = 3 \longrightarrow$ ③ hinschreiben

1 Rechne im Heft. Notiere hier nur die
Ergebnisse.

8256 + 341 = _____   876 + 5249 = _____   1473 + 3521 = _____

7120 + 4953 = _____   6721 + 943 = _____   937 + 17202 = _____

Beim Addieren von 3 oder mehr als
3 Zahlen steigt der Rechenaufwand.
Achte hier besonders auf stellen-
wertgerechtes Untereinanderschrei-
ben der Ausgangszahlen.

Beispiel: 672 + 3405 + 96 = 4173

```
     672
 +  3405
 +    96
 ———————
    4173
```

2 a)
```
   4712
+   856
+  2173
```

b)
```
    704
+  1256
+  2579
```

3 Sind hier die Zahlen zum Addieren richtig untereinander geschrieben? Schreibe die Aufgabe richtig auf und rechne sie.

```
   4215
+  317
+  48
+  1057
```

4 Schreibe auch diese Aufgabe richtig auf und rechne sie.

```
   3019
+   79
+  109
+  1432
```

5 Addiere diese Zahlen: 4125, 173, 892 und 1708. Achte beim Aufschreiben darauf, dass Einer (E) unter Einern, Zehner (Z) unter Zehnern usw. stehen.

6 a) Addiere 821, 3710, 210, 1765.

b) Rechne 1251 + 28 + 108 + 4205.

7 Findest du die fehlenden Ziffern?

a)
```
   2_31
+ 167_
+ 52_7
  _317
```

b)
```
   3__1
+   976
+  5432
   _82_
```

c)
```
   __81
+ 387_
+ 15_7
  8220
```

d)
```
   _300
+ 2_61
+  8_2
   771_
```

e)
```
   256_
+   3_4
+  6_06
   _129
```

f)
```
   42_3
+  _241
+  241_
   9_67
```

41

So subtrahierst du in Stellenwerttafeln

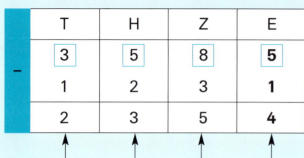

	T	H	Z	E
−	3	5	8	5
	1	2	3	1
	2	3	5	4

Wir subtrahieren schriftlich durch Ergänzen.

Die ergänzte Zahl wird beim Sprechen betont und hingeschrieben.

Rechne so:

1 + ④ = 5 ────► ④ hinschreiben
3 + ⑤ = 8 ────► ⑤ hinschreiben
2 + ③ = 5 ────► ③ hinschreiben
1 + ② = 3 ────► ② hinschreiben

Sprich so: 1 plus ④ gleich 5
3 plus ⑤ gleich 8 usw.

1 Rechne wie im Beispiel.

a)

	T	H	Z	E
−	4	8	9	2
	2	3	4	1

b)

	T	H	Z	E
−	7	5	6	2
	4	5	2	0

2 Subtrahiere schriftlich:

a) 5726 − 2415   b) 6079 − 4016

Fertige dazu Stellenwerttafeln an, trage die Zahlen ein und rechne.

Hier ist die Rechnung etwas schwieriger:

	T	H	Z	E
−	4	7	3	5
	1_1	8_1	5_1	7
	2	8	7	8

Rechne so:

$7 +$ ⑧ $= 1\boxed{5}$ → ⑧ hinschreiben, **1** übertragen
$1 + 5 +$ ⑦ $= 1\boxed{3}$ → ⑦ hinschreiben, **1** übertragen
$1 + 8 +$ ⑧ $= 1\boxed{7}$ → ⑧ hinschreiben, **1** übertragen
$1 + 1 +$ ② $=\ \boxed{4}$ → ② hinschreiben

Sprich so: **7** plus ⑧ gleich $\boxed{15}$
6 plus ⑦ gleich $\boxed{13}$ usw.

3 Rechne wie oben.

a)

	T	H	Z	E
−	8	2	1	2
	1	6	7	5

b)

	T	H	Z	E
−	4	0	2	1
	1	4	3	1

4 Trage die Zahlen in Stellenwerttafeln ein und rechne:

a) 7621 − 3456

b) 8700 − 2469

43

Schriftlich subtrahieren ist ganz einfach

Das Rechnen in Stellenwerttafeln ist zu umständlich.
Wir zeigen dir hier noch einmal an einer Musteraufgabe,
wie du rechnen musst.

Achte weiterhin auf stellengerechtes
Schreiben der Zahlen!

Beispiel: 6243 – 568

Rechnung:

```
  6243
–  568
   111
  5675
```

Sprechweise:
Die zweite Zahl, die ergänzte Zahl,
betonen und hinschreiben

$8 + ⑤ = 1\boxed{3} \longrightarrow ⑤$ hinschreiben
1 Übertrag

$1 + 6 + ⑦ = 1\boxed{4} \longrightarrow ⑦$ hinschreiben
1 Übertrag

$1 + 5 + ⑥ = 1\boxed{2} \longrightarrow ⑥$ hinschreiben
1 Übertrag

$1 + ⑤ = \boxed{6} \longrightarrow ⑤$ hinschreiben

1 Rechne im Heft.

7234 – 4356 = _____ 8137 – 495 = _____ 6271 – 1350 = _____

2514 – 946 = _____ 3214 – 2931 = _____ 4953 – 948 = _____

2341 – 1246 = _____ 7921 – 4302 = _____ 4040 – 149 = _____

2 Wo wurde falsch gerechnet?
Suche die Fehler und rechne die
Aufgaben richtig aus.

a)
```
  7885
– 5798
  2183
```

b)
```
  4763
–  984
  3871
```

c)
```
  5007
– 3218
  2889
```

3 Suche die fehlenden Ziffern.
Kontrolliere dein Ergebnis, indem du
die Subtraktion ausführst.

a)
```
  _8__
– 3_47
  2563
```

b)
```
  1_43
–  7_8
   _07_
```

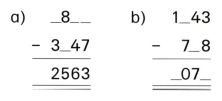

Du kannst auch mehr als zwei Zahlen subtrahieren

Soll mehr als eine Zahl abgezogen werden,
rechnet man am besten so:

Beispiel: 5430 – 147 – 2514

Rechnung:
```
  5430
–  147
– 2514
   112
  2769
```

Sprechweise:
Die zweite Zahl, die ergänzte Zahl,
betonen und hinschreiben

4 + 7 + ⑨ = 2|0| → ⑨ hinschreiben
                   2 Übertrag
2 + 1 + 4 + ⑥ = 1|3| → ⑥ hinschreiben
                       1 Übertrag
1 + 5 + 1 + ⑦ = 1|4| → ⑦ hinschreiben
                       1 Übertrag
1 + 2 + ② = |5| → ② hinschreiben

1 Rechne ebenso:

7241 – 1234 – 897 = _____   6524 – 2341 – 1467 = _____

4502 – 897 – 1374 = _____   8300 – 2519 – 376 = _____

8812 – 429 – 3507 = _____   6000 – 4213 – 1630 = _____

2 Subtrahiere die Zahlen in Pfeilrich-
tung schriftlich voneinander.
Kennzeichne den Weg, der zur klein-
sten Ergebniszahl führt.

Rechne so:
```
   4875
–   695
– 2786
–  973
```

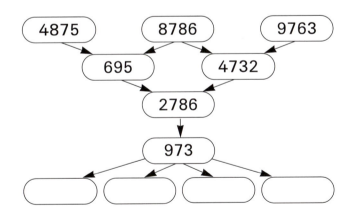

3 Jede Aufgabe kannst du durch eine
Gegenaufgabe kontrollieren.

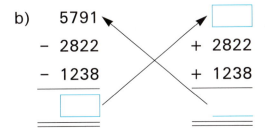

a)
```
  3278          ┌──┐
+  275      –  275
+ 1564      – 1564
  ┌──┐
```

b)
```
  5791          ┌──┐
– 2822      + 2822
– 1238      + 1238
  ┌──┐
```

Aufpassen beim schriftlichen Multiplizieren!

1 a) Wie viel ist 1327 · 4?
Du kannst so rechnen:

$$1327 \cdot 4 =$$

$$1000 \cdot 4 = 4000$$
$$+ \quad 300 \cdot 4 = 1200$$
$$+ \quad\ \ 20 \cdot 4 = \quad\ 80$$
$$+ \quad\ \ \ 7 \cdot 4 = \quad\ 28$$

$$1327 \cdot 4 = 5308$$

b) Rechne ebenso
2518 · 5

$$2518 \cdot 5 = \underline{\hspace{3cm}}$$

$$+ \underline{\hspace{3cm}}$$

$$+ \underline{\hspace{3cm}}$$

$$+ \underline{\hspace{3cm}}$$

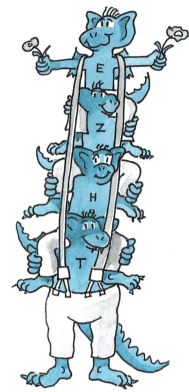

c) Du kannst 1327 · 4
aber auch so rechnen:

$$\begin{array}{r} 1327 \\ + \quad 1327 \\ + \quad 1327 \\ + \quad 1327 \\ \hline \end{array}$$

d) Berechne in gleicher
Weise 2518 · 5

e) Schriftlich rechnet man so:

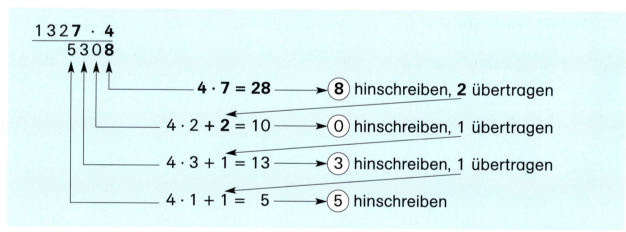

2 Rechne schriftlich:

a) 2345 · 7   b) 4017 · 5   c) 6326 · 4

3 Rechne auch:

a) 4312 · 6   b) 7213 · 4   c) 8217 · 3

Mit Zehnerzahlen lässt es sich leicht multiplizieren:

$3253 \cdot \mathbf{30} = 3253 \cdot \mathbf{3} \cdot \mathbf{10}$
da $\mathbf{30} = \mathbf{3} \cdot \mathbf{10}$

Du kannst die Aufgabe daher in zwei Schritten lösen:

$3253 \cdot \mathbf{3}$ ⟶ $\mathbf{9759} \cdot \mathbf{10}$
$\overline{\hspace{2cm}}$
$\mathbf{9759}$ $\quad$ 97590

4 Rechne ebenso: $1782 \cdot 40$

5 Die jeweils zwei Multiplikationsaufgaben der Aufgabe 4 fasst man so zusammen:

$2862 \cdot 30$
$\overline{\hspace{2cm}}$
85860

Rechne ebenso die Aufgabe:
$1782 \cdot 40$

6 Löse ebenfalls die Multiplikationsaufgaben.

a) $3507 \cdot 70$ $\qquad$ b) $6321 \cdot 50$

Bei diesen Aufgaben ist die Rechnung schwieriger:

$4327 \cdot \mathbf{46} = 4327 \cdot \mathbf{40} + 4327 \cdot \mathbf{6}$ $\quad$ da $\quad \mathbf{46} = \mathbf{40} + \mathbf{6}$

Du kannst so rechnen:

$4327 \cdot 40$
$\overline{\hspace{2cm}}$
173080 ⟶ 173080
$4327 \cdot 6$ $\quad + 25962$
$\overline{\hspace{2cm}}$
25962 $\quad$ 199042

oder kürzer:

$4327 \cdot 46$
$\overline{\hspace{2cm}}$
173080
25962
$\overline{\hspace{2cm}}$
199042

Die Null kannst du auch weglassen. Achte aber darauf, dass du mit den Zehnern beginnst und stellengerecht schreibst!

7 Rechne die Aufgabe $2456 \cdot 53$ ausführlich:

$2456 \cdot 50$
$\overline{\hspace{2cm}}$

$2456 \cdot 3$ $\quad +$
$\overline{\hspace{2cm}}$

kürzer:

$2456 \cdot 53$
$\overline{\hspace{2cm}}$

Vermeide beim schriftlichen Multiplizieren unnötige Fehler!

Beim Multiplizieren mit 2 oder 3 Zahlen
musst du auf genaues Hinschreiben achten.

Beispiel:

$$1752 \cdot 39$$
$$5256$$
$$15768$$
$$68328$$

$$1752 \cdot 329$$
$$5256$$
$$3504$$
$$15768$$
$$576408$$

1 Multipliziere schriftlich:

a) $4125 \cdot 26$

Denke daran, du
musst mit den
Zehnern beginnen!

b) $4325 \cdot 17$

2 Rechne schriftlich:

a) $2146 \cdot 23$

b) $743 \cdot 86$

Achte auf Nullen! Aufgaben mit Nullen
können zu Fehlern verführen.

Denke daran: $3 \cdot 0 = 0 \ldots$

Ist ein Malnehmer **0**, so ist auch das
Ergebnis **0**.

Beispiel: $1602 \cdot 4$

falsch: $1602 \cdot 4$
648

richtig: $1602 \cdot 4$
6408

3 Aufgepasst bei diesen Aufgaben!

$2502 \cdot 3 = $ _____ $2520 \cdot 3 = $ _____ $2052 \cdot 3 = $ _____

$1046 \cdot 7 = $ _____ $2008 \cdot 9 = $ _____ $3040 \cdot 7 = $ _____

4 Achte auf Nullen! Rechne die Aufgaben zu Ende.

```
273 · 205        421 · 380        340 · 26
    546             1263             680
   1365            33680            2040
  _____          _____          _____
```

Löse ebenso:

371 · 503 = _____   1721 · 250 = _____   230 · 87 = _____

1125 · 305 = _____   486 · 340 = _____   1250 · 23 = _____

5 Überprüfe diese Rechnungen. Zwei davon sind falsch. Rechne sie richtig aus.

```
a) 4025 · 26      b) 1009 · 24      c) 3104 · 35      d) 7020 · 74
     8250              2018             9312             49144
    24150              4036            15520              2880
   _____            _____           _____            _____
   106650            24216           108640            494320
```

6 Kannst du herausfinden, welche Zahlen hier fehlen?

```
a) 4253 · __      b) 21__ · 35
    ____53           _393
   ____65          _____
   _____          _____
```

7 Überprüfe die Ergebnisse. In der Tabelle sind drei Zahlen falsch. Rechne die Aufgaben richtig aus.

·	7	28	302
324	2268	9072	97048
209	1463	5552	63118
630	4410	17670	190260

Schriftliches Dividieren ist leider schwieriger als Multiplizieren

1 Die Aufgabe 9576 : 7 können wir so lösen:

a) Löse ebenso: 6152 : 4 =

$$9576 : 7 = \boxed{}$$

$$
\begin{array}{rl}
-\,7000 & \longrightarrow \mathbf{1000} \\
\hline
2575 & + \\
-\,2100 & \longrightarrow \quad\mathbf{300} \\
\hline
476 & + \\
-\,420 & \longrightarrow \qquad\mathbf{60} \\
\hline
56 & + \\
-\,56 & \longrightarrow \qquad\quad\mathbf{8} \\
\hline
0 & \quad \mathbf{1368}
\end{array}
$$

$$9576 : 7 = \underline{\underline{\mathbf{1368}}}$$

$$6152 : 4 = \boxed{}$$

b) Rechne ebenso:

T H Z E   T H Z E

6 1 5 2 : 4 = _____

Schriftlich rechnet man so:

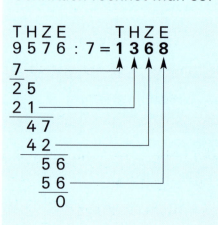

2 a) Rechne im Heft:

T H Z E   T H Z E

8 5 2 6 : 6 = _____

b) T H Z E   T H Z E

6 7 8 0 : 4 = _____

Bei dieser Aufgabe musst du besonders auf die Stellenwerte achten:

```
T H Z E        T H Z E
3 5 2 5 : 5 =    7 0 5
3 5
  0 2                2 : 5 ergibt 0
  0
  2 5
  2 5
    0
```

Beim Dividieren kannst du jetzt die Stellenwertbezeichnungen T, H, Z, E weglassen.

3 Rechne ebenso:

```
T H Z E        T H Z E
6 3 4 9 : 7 = _____
```

Beispiel: 2976 : 6

Rechnung:

```
2 9 7 6 : 6 = 4 9 6
2 4
  5 7
  5 4
    3 6
    3 6
      0
```

Sprechweise:

2 : 6		geht nicht
29 : 6 =	⟶ ④	hinschreiben
4 · 6 = 24		Multiplikationskontrolle:
	⟶ ㉔	hinschreiben, von 29 abziehen und 7 herunterholen.
57 : 6	⟶ ⑨	hinschreiben
9 · 6 =	⟶ �	hinschreiben, abziehen und 6 herunterholen.
36 : 6	⟶ ⑥	hinschreiben, abziehen.

4 Rechne ebenso, und schreibe hier nur die Ergebnisse auf.

4375 : 5 = _____   29133 : 9 = _____   17488 : 4 = _____

25362 : 6 = _____   15342 : 3 = _____   9816 : 8 = _____

Achte auf Nullen!
Denke daran: 5 : 5 = 1   1 · 5 = 5
                0 : 5 = 0   **0 · 5 = 0**

5 a) Rechne diese Aufgaben zu Ende:

```
T H Z E         T H Z E
5 2 5 0 : 5 = 1 0 _____        7 0 3 5 : 7 = 1 0 _____
5                                7
─                                ─
0 2                              0 0
  0                                0
  ─                                ─
  2 5                              0 3

  ──                               ──

    ──                               ──
    0                                0
```

b) Schaffst du diese Aufgaben allein?

3120 : 3 = _____   4280 : 4 = _____   7260 : 6 = _____

8048 : 8 = _____   7206 : 6 = _____   5075 : 5 = _____

6 Überprüfe die Rechnungen. Es sind
2 Aufgaben falsch. Achte besonders
auf die Nullen.

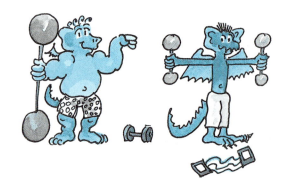

```
a) 3 0 2 0 0 : 5 = 6 0 4 0
   3 0
   ──
   0 2
     0
     ──
     2 0
     2 0
     ──
       0 0
       0 0
       ──
         0
```

```
b) 2 5 4 0 0 : 4 = 6 3 5
   2 4
   ──
   1 4
   1 2
   ──
     2 0
     2 0
     ──
       0
```

```
c) 6 3 0 3 5 : 7 = 9 0 0 5
   6 3
   ──
   0 0
   0 0
   ──
     0 3
     0 0
     ──
       3 5
       3 5
       ──
         0
```

```
d) 2 4 3 2 0 : 8 = 3 4 0
   2 4
   ──
   0 3 2
     3 2
     ──
       0 0
       0 0
       ──
         0
```

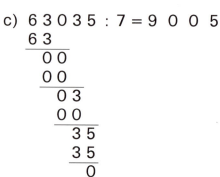

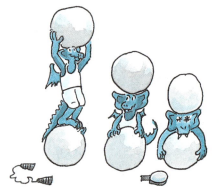

Schriftliches Dividieren durch zweistellige Zahlen ist noch schwieriger

Bei der Aufgabe 91448 : 28 musst du zunächst schätzen, was 91 : 28 ergibt. Mache es, indem du den Teiler 28 rundest:

$91 : 28 ≈ \mathbf{91 : 30} ≈ \mathbf{3}$
„≈" bedeutet: ist ungefähr gleich

Kontrolle : $28 · \mathbf{3} = 84$, $91 - 84 = 7$

1 Schätze auch hier:

a) $74 : 28 ≈$ _____ $≈$ _____

Kontrolle: _____

b) $184 : 28 ≈$ _____ $≈$ _____

Kontrolle: _____

2 Beachte: Bei der Kontrolle darf der Rest nie gleich oder gar größer als der Teiler sein.
Kontrolliere diese Schätzungen und berichtige sie:

a) $115 : 28 ≈ 115 : 30 ≈ 3$

Kontrolle: _____

$115 : 28 ≈ 115 : 30 ≈$ _____

Kontrolle: _____

b) $168 : 28 ≈ 168 : 30 ≈ 5$

Kontrolle: _____

$168 : 28 ≈ 168 : 30 ≈$ _____

Kontrolle: _____

3 Runde diese Teiler: Bedenke, ab Endziffer 5 wird aufgerundet.

$49 ≈ 50$	$44 ≈ 40$	$35 ≈ 40$
$56 ≈$ ___	$53 ≈$ ___	$62 ≈$ ___
$17 ≈$ ___	$76 ≈$ ___	$64 ≈$ ___
$41 ≈$ ___	$55 ≈$ ___	$74 ≈$ ___

4 Schätze, wie oft es geht:

315 : 38 ≈ _____ ≈ _____   372 : 45 ≈ _____ ≈ _____

Kontrolle: _____   Kontrolle: _____

156 : 24 ≈ _____ ≈ _____   277 : 51 ≈ _____ ≈ _____

Kontrolle: _____   Kontrolle: _____

781 : 94 ≈ _____ ≈ _____   817 : 89 ≈ _____ ≈ _____

Kontrolle: _____   Kontrolle: _____

5 Rechne jetzt die Aufgabe von S. 53
oben (farbiger Kasten). Verwende die
Teilergebnisse von dort.

9 1 4 4 8 : 2 8 = 3 _____
8 4
‾‾‾‾
7 4

____

_____

_____

6 Rechne:

a) 36120 : 43 = _____   b) 35405 : 73 = _____

7 Rechne:

a) 478016 : 88 = _____   b) 342144 : 99 = _____

c) 59185 : 35 = _____   d) 84318 : 46 = _____

So überprüfst du deine Rechnungen

Vertrauen ist gut, aber Kontrolle ist besser!

> Du kannst prüfen, ob die Multiplikationsaufgabe $37 \cdot 5 = 185$ richtig ist, indem du die Division $185 : 5$ rechnest.

1 Welches Ergebnis musst du erhalten, wenn die Multiplikationsaufgabe richtig gerechnet wurde?

_____

2 Prüfe diese Aufgabe:
$524 \cdot 48 = 25152$

a) Welche Divisionsaufgabe musst du rechnen?

_____

b) Welches Ergebnis erwartest du?

_____

c) Rechne die Divisionsaufgabe in deinem Heft.

_____

d) War die Multiplikationsaufgabe richtig?

_____

3 Kontrolliere die Aufgabe:
$573 \cdot 84 = 48216$

a) Welche Divisionsaufgabe musst du rechnen?

_____

b) Welches Ergebnis erwartest du?

_____

c) Rechne die Aufgabe.

_____

d) War die Multiplikationsaufgabe richtig?

_____

4 a) Rechne $631 \cdot 35$ schriftlich:

b) Durch welche Divisionsaufgabe kannst du deine Rechnung kontrollieren? Führe sie aus.

c) War deine Aufgabe richtig?

5 a) Rechne: 1732 · 71

   b) Löse zur Kontrolle eine Division-
   aufgabe.

Eine Multiplikationsaufgabe lässt sich durch eine Divisionsaufgabe über-prüfen. Kontrolliere jetzt die Divisions-aufgabe durch eine Multiplikations-aufgabe.

6 a) Durch welche Multiplikationsauf-gabe kannst du 8160 : 85 = 96 überprüfen?

   b) Welches Ergebnis erwartest du?

   c) Rechne die Multiplikationsaufgabe.

   d) War das Ergebnis der Divisions-aufgabe richtig?

7 Überprüfe die Aufgabe
2944 : 46 = 65

   a) Welche Multiplikationsaufgabe musst du rechnen?

   b) Welches Ergebnis erwartest du?

   c) Rechne die Multiplikationsaufgabe.

   d) War das Ergebnis der Divisions-aufgabe richtig?

8 a) Rechne: 20577 : 19 =

   b) Kontrolliere dein Ergebnis durch eine Multiplikationsaufgabe.

   c) War das Ergebnis richtig?

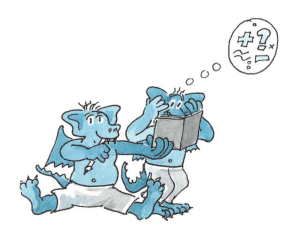

Achte auf Reste bei der Division!

Häufig gehen Divisionsaufgaben nicht auf. Es bleiben **Reste**.

Beispiel:

$$
\begin{array}{l}
914 : 38 = 24 \\
\underline{76} \\
154 \\
152 \\
\underline{} \\
2 \rightarrow \textbf{Rest 2}
\end{array}
$$

Würden wir die Aufgabe
nur so schreiben: 914 : 38 = 24 dann
wäre diese Schreibweise unvollständig.
Es muss aus der Schreibweise hervor-
gehen, dass wir den **Rest 2** haben, der
eigentlich noch durch 38 zu teilen ist.
Also schreiben wir
914 : 38 = 24 + **2** : 38
oder 914 = 24 · 38 + **2**
oder auch kürzer: 914 : 38 = 24 **R 2**.

1 Rechne und schreibe das Ergebnis vollständig auf:

442 : 38 = _____

2 Rechne und beachte die Restschreibweise.

a) 7254 : 45 = _____

b) 6725 : 29 = _____

c) 84321 : 46 = _____

d) 188205 : 25 = _____

3 Rechne und beachte die Restschreibweise.

a) 17423 : 32 = _____

b) 48543 : 57 = _____

c) 59180 : 35 = _____

d) 43056 : 25 = _____

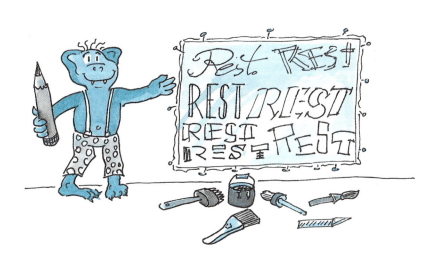

4 Kontrolliere die Divisionsaufgabe
35415 : 73 = 485 R 10
durch die Multiplikationsaufgabe

$485 \cdot 73$

———————

$+$ _____ 10 ←—— Rest addieren

========

5 Kontrolliere die Divisionsaufgabe
23420 : 45 = 520 R 20
durch eine Multiplikationsaufgabe.
Vergiss nicht das Addieren des Restes!

6 Kontrolliere die Divisionsaufgabe
106860 : 19 = 5624 R 4
durch eine Multiplikationsaufgabe.
Vergiss nicht das Addieren des Restes!

7 Rechne die Divisionsaufgabe und kontrolliere sie durch eine Multiplikation.

67258 : 33 = _____

8 Rechne die Divisionsaufgabe und kontrolliere sie durch eine Multiplikation.

75291 : 61 = _____

Zusammenfassung

Hier findest du wieder alles Wichtige aus diesem
Kapitel zum Nachschlagen.

Begriffe	Erläuterungen
Schriftliches Addieren 	$325 + 1750 + 79$ Stellenwertgerechtes Hinschreiben $\begin{array}{r} 32\mathbf{5} \\ +\ 175\mathbf{0} \\ +\ \ \ 7\mathbf{9} \\ \scriptstyle 1\ 1\ 1 \\ \hline 215④ \\ \hline \end{array}$ Einer, Zehner usw. addieren: $9 + 0 + 5 = 1④$ Übertrag hinschreiben
Schriftliches Subtrahieren	$2435 - 948$ Stellenwertgerechtes Hinschreiben $\begin{array}{r} 243\mathbf{5} \\ -\ \ 94\mathbf{8} \\ \scriptstyle 1\ 1\ 1 \\ \hline 148⑦ \\ \hline \end{array}$ Abziehen durch Ergänzen. Die ergänzte zweite Zahl betonen und hinschreiben: $8 + ⑦ = 1\boxed{5}$ hinschreiben Übertrag

Schriftliches Subtrahieren von zwei oder mehr als zwei Zahlen

6430 − 147 − 2514

Stellenwertgerechtes Hinschreiben

```
    643⓪
 −   147
 −  251④
    1 12
 ─────────
    376⑨
```

Vor dem Abziehen werden jeweils die abzuziehenden Zahlen addiert, erst dann wird ergänzt:

4 + 7 +⑨= 2⓪

hinschreiben   Übertrag

Schriftliches Multiplizieren

Beginnen mit der höchsten Stelle

1752 · **35**

```
  5256
  8760
 ───────
 61320
```

Schriftliches Dividieren

17 28 : **9** = ① 92

```
 9
 ──
 82
 81
 ──
 18
 18
 ──
  0
```

17 : 9 → ① hinschreiben

1 · 9 = 9 Multiplikationskontrolle

17 − 9 = 8

2 herunterholen und

82 : 9 rechnen

Test

Überprüfe dein Wissen durch Rechnen dieser Aufgaben.
Sie umfassen die Grundaufgaben des letzten Kapitels.

1   7135 + 896 = _____   497 + 4532 = _____

2   546 + 8721 + 97 = _____   74 + 2156 + 976 = _____

3   8432 – 956 = _____   7208 – 497 = _____

4   8341 – 2543 – 869 = _____   6708 – 498 – 2516 = _____

5   4234 · 8 = _____   4252 · 5 = _____

6   4202 · 4 = _____   4008 · 9 = _____

7   1346 · 43 = _____   145 · 321 = _____

8   3285 : 9 = _____   3265 : 5 = _____

9   6150 : 6 = _____   5406 : 6 = _____

10   7253 : 5 = _____   9241 : 8 = _____

Wer wollte bestreiten, dass das Umgehen mit Geld eine wichtige Sache ist. Hier kannst du wiederholen, wie man Geldbeträge umwechselt, mit ihnen rechnet und insbesondere mit der Kommaschreibweise arbeitet.

Diese Münzen und Geldscheine kennst du

1 Es gibt bei uns Münzen, die 1 ct, 2 ct, 5 ct, 10 ct, 20 ct und 50 ct wert sind.

Wie viele Cent besitzen Martin, Lena und Simon?

	50 ct	20 ct	10 ct	5 ct	2 ct	1 ct	
Lukas	4	0	2	3	0	1	$4 \cdot 50$ ct $+ 0 \cdot 20$ ct $+ 2 \cdot 10$ ct $+$ $3 \cdot 5$ ct $+ 0 \cdot 2$ ct $+ 1 \cdot 1$ ct $=$ 200 ct $+$ 20 ct $+$ 15 ct $+$ 1 ct $=$ 236 ct
Martin	5	2	2	1	4	3	
Lena	1	3	6	5	8	1	
Simon	4	5	2	0	1	7	

2 Du sollst 82 Cent bezahlen. Trage in die Tabelle ein, mit welchen dieser Münzen du bezahlen könntest.

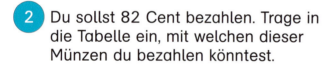

a)

10 ct	5 ct	2 ct	1 ct
7	2	2	–

b)

20 ct	10 ct	5 ct	2 ct	1 ct
3	2	–	1	–

100 Cent kann man in 1 Euro einwechseln: 100 ct = 1 €

3 Wechsle in diesen Tabellen ein:

a)

1 €	10 ct	1 ct
8	80	800
17		
25		
31		

b)

1 ct	10 ct	1 €
1200	120	12
2800		
600		
14500		

4 Bei uns kann man mit Geldscheinen bezahlen, die 500 €, 100 €, 50 €, 20 €, 10 € und 5 € wert sind. Welche Beträge besitzen diese Schüler?

	500 €	100 €	50 €	20 €	10 €	5 €	Betrag
Lena	2	0	3	1	4	2	
Maya	8	2	1	0	3	1	
Lukas	3	8	0	1	4	6	

5 Wie kannst du diese Beträge mit lauter gleichen Geldscheinen bezahlen?

Beträge	Geldscheine					
	500 €	100 €	50 €	20 €	10 €	5 €
1000 €	2·500 €					
4000 €						
500 €						
1500 €						

6 a) Ein Kaufmann nimmt an einem Tag folgende Beträge ein: 800 €, 500 €, 200 €, 150 €. Was hat er eingenommen?

b) Er kauft Waren im Wert von 150 €, 300 €, 400 €, 1000 €. Wie viel € gibt er aus?

c) In der Kasse befinden sich 4000 €. Wie viel Geld behält er davon übrig?

7 a) Auf ein Sparbuch werden nacheinander eingezahlt: 380 €, 120 €, 500 €, 1200 €. Wie viel € sind das insgesamt?

b) Das Sparbuch hatte schon vorher ein Guthaben von 2500 €. Wie groß ist das neue Guthaben?

c) Folgende Beträge werden abgehoben: 270 €, 500 €, 130 €, 800 €. Welches Guthaben bleibt übrig?

So schreibst du Geldwerte mit Komma

1 Fülle die Tabelle aus:

1 €	10 ct	1 ct	Komma-schreibweise
3	4	5	3,45 €
1	3	7	
0	2	1	
5	0	3	
7	4	0	

Für **3 € 45 ct** schreibt man: **3,45 €**.

2 Schreibe diese Geldwerte mit Komma:

2 €   5 ct = 2,05 €   85 ct = 0,85 €   12 €   3 ct = _____

8 € 15 ct = _____   76 ct = _____   28 ct = _____

3 Wandle in Cent zurück:

1,45 € = 145 ct   3,07 € = _____   0,01 € = _____

9,36 € = _____   0,05 € = _____   0,10 € = _____

4 Wechsle in Euro und Cent ein und schreibe mit Komma:

   802 ct = 8 €   2 ct = 8,02 €   17 ct = 0 €   17 ct = 0,17 €

   617 ct = 6 €   17 ct = _____   85 ct = _____ = _____

   1230 ct = _____ = _____   5 ct = _____ = _____

5 Ordne diese Preise der Größe nach. Beginne mit dem teuersten.

4,37 €   439 ct   37 ct

1,73 €   14,73 €   0,43 €   4,73 €   39 ct

6 Setze **<** oder **=** oder **>**.

3,25 € > 320 ct   0,35 €ﹾ﹠0,53 €   21,85 €ﹾ﹠20,85 €

118 ctﹾ﹠1,18 €   417 ctﹾ﹠3,17 €   51 ctﹾ﹠0,51 €

Rechnen mit Geldwerten ist wichtig

Achtung!
Beim Rechnen mit Kommazahlen musst du aufpassen.

1 Diese Aufgaben kann man noch im
Kopf rechnen.

a) 3,15 € + 2,25 € = _____

4,30 € + 1,70 € = _____

b) 11,30 € – 4,20 € = _____

9,70 € – 0,75 € = _____

c) 3,20 € · 3 = _____

1,80 € · 4 = _____

d) 12,60 € : 3 = _____

26,00 € : 4 = _____

Beim schriftlichen Rechnen mit Kom-
mazahlen gehst du am besten so vor:
1. Kommazahlen in solche ohne
   Komma umwandeln.
2. Rechnung ausführen.
3. Ergebnis als Kommazahl schreiben.

Beispiel:	12,25 € + 0,79 € + 8,34 €	3,45 € · 12
	1225 ct	345 ct · 12
	+ 79 ct	345
	+ 834 ct	690
	2138 ct	4140 ct
	21,38 €	**41,40 €**

2 Rechne ebenso:

a)   14,27 € +   19,35 € + 0,84 €

b) 8531,27 € – 653,34 €

c)   12,48 € · 37

d)   213,84 € : 18

0,45 € +   11,27 € + 145,25 €

1195,30 € – 867,45 €

0,97 € · 45

561,60 € : 24

Addieren und subtrahieren kannst du aber auch mit Kommazahlen.
Schreibe dazu die Geldwerte so, dass **Komma unter Komma** steht.

12,25 € + 0,79 € + 8,34 €   17,35 € – 8,81 €

```
   12,25 €                                      17,35 €
+   0,79 €                                   –   8,81 €
+   8,34 €                                       8,54 €
   21,38 €
```

3 Rechne ebenso:

a) 24,56 € + 19,08 € + 5,66 €
   425,10 € + 86,45 € + 0,75 €

b) 132,75 € – 81,54 €
   374,38 € – 147,16 € – 8,35 €

4 Die Mutter will 1 kg Bauchfleisch,
1 kg Schinken und 1 kg Leberwurst
kaufen.

a) Was hätte sie vor dem Sonder-
   angebot bezahlen müssen?

b) Sie hat das Sonderangebot
   berücksichtigen können. Wie viel
   musste sie bezahlen?

c) Wie viel Geld hat sie gespart?

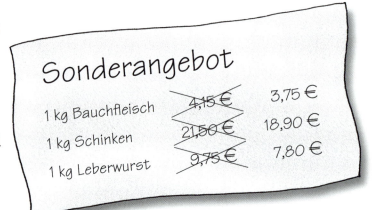

Sonderangebot

1 kg Bauchfleisch	~~4,15 €~~	3,75 €
1 kg Schinken	~~21,50 €~~	18,90 €
1 kg Leberwurst	~~9,75 €~~	7,80 €

5 Du sollst 1 kg Mehl, 1 kg Zucker und
1 kg Grieß kaufen.

a) Wie viel musst du dafür im
   Supermarkt bezahlen?

b) Was kostet es im Kaufhaus?

c) Wo ist es günstiger zu kaufen?
   Wie viel Geld könntest du also
   sparen?

	Supermarkt	Kaufhaus
1 kg Mehl	0,89 €	0,98 €
1 kg Zucker	1,05 €	0,95 €
1 kg Grieß	1,17 €	1,26 €

Abwechslung kann nicht schaden!

1 So findest du den Weg durch den Irrgarten: Rechne die erste Aufgabe. Mit der Ergebniszahl beginnt die nächste Aufgabe, mit diesem Ergebnis die nächste usw.

Beispiel: $3 \cdot 9 = 27 \longrightarrow 27 + 80 = 107 \longrightarrow 107 - 35 = \ldots$

Löse die Aufgaben möglichst im Kopf.

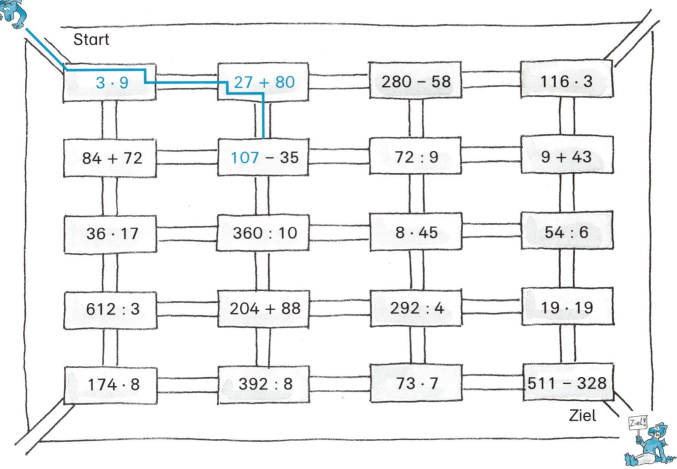

Start

3 · 9	27 + 80	280 − 58	116 · 3
84 + 72	107 − 35	72 : 9	9 + 43
36 · 17	360 : 10	8 · 45	54 : 6
612 : 3	204 + 88	292 : 4	19 · 19
174 · 8	392 : 8	73 · 7	511 − 328

Ziel

2 Kannst du das Kreuzzahlrätsel lösen? Rechne die Aufgaben im Kopf aus. Schreibe in jedes Feld nur eine Ziffer. Bei richtiger Lösung ergibt die Summe aller eingetragenen Ziffern 71.

Waagerecht:

A 507 − 90 = 417
C 56 : 7
D 210 : 70
E 995 − 259
F 41 · 6
H 4260 + 810

Senkrecht:

A 48 · 9
B 6800 + 960
C 9400 − 720
G 3 · 15
I 630 : 90

A		B		C
4	1	7	▮	
D	▮	E		
F	G		▮	
▮	H		I	

Zusammenfassung

Hier findest du wieder alles Wichtige im Überblick.
Solltest du Probleme haben, schlage hier nach.

Begriffe	Erläuterungen und Beispiele
Umwechseln	**1 € = 100 ct** 5 € = 500 ct 700 ct = 7 €
Kommaschreibweise von Geldwerten	3 € 25 ct = 3,25 € 25 ct = 0,25 € 5 ct = 0,05 € 1,75 € = 175 ct 0,75 € = 75 ct 0,05 € = 5 ct

Rechnen mit Geldwerten	Du kannst das Rechnen mit Komma-zahlen vermeiden, indem du die Kom-mazahlen in Größen **ohne** Komma verwandelst und das Ergebnis wieder als Kommazahl schreibst.
	
	3,45 € · 12
	345 ct · 12
	        345
	        690
	    4140 ct
	    41,40 €

Addieren und Subtrahieren von Kommazahlen	Notiere die Geldwerte so, dass **Komma unter Komma** steht.
	
	12,25 € + 0,79 € + 8,34 €
	
	    12,25 €
	+ 0,79 €
	+ 8,34 €
	    21,38 €

Test

Hier findest du wieder alle wichtigen Aufgaben des letzten Kapitels. Löse sie und überzeuge dich, wie fit du nun im Rechnen mit Geldwerten bist.

1 Schreibe mit Komma:

3 € 4 ct = _____ €   3025 ct = _____ €

93 ct = _____ €   4 ct = _____ €

8 € 60 ct = _____ €   16 € 2 ct = _____ €

2 Verwandle in Cent:

1,25 € = _____ ct   0,50 € = _____ ct

6,04 € = _____ ct   133,07 € = _____ ct

10,30 € = _____ ct   0,02 € = _____ ct

3 Rechne schriftlich:

a) 285,17 € + 41,93 € + 2,04 €

b) 1795,13 € − 622,09 € − 15,80 €

c) 387,14 € · 28

d) 931,32 € : 36

4 Frau Koch kauft beim Bäcker 6 Brötchen zu je 25 ct, 4 Stück Kuchen zu je 1,25 € und ein Brot für 2,75 €.

a) Wie viel muss sie bezahlen?

b) Sie hat 50 € dabei. Wie viel bekommt sie zurück?

Die Unterteilung der Längenmaße ist im Laufe der Zeit immer den Bedürfnissen der Benutzer angepasst worden. Handwerker aber auch Bastler arbeiten mit mm, cm, dm. Größere Längen misst man dagegen mit m und km. In diesem Kapitel kannst du wiederholen, wie die Längenmaße umgerechnet werden, welche Bedeutung die Kommaschreibweise hat und wie man mit Längen rechnet. Beim Arbeiten mit dem Maßstab musst du diese Kenntnisse anwenden.

So schreibt man Längen mit Komma

Viele Längen misst man in m und cm.

$$1 \text{ m} = 100 \text{ cm}$$

1 Ein Zimmer ist 4 m 25 cm lang. Man kann solche Längen auf verschiedene Weise schreiben. Fülle die Tabelle aus.

	m	cm	Kommazahl
4 m 25 cm	4	25	4,25 m
3 m 78 cm			
35 cm			
12 m 5 cm			
8 cm			

2 Verwandle in cm:

3,17 m =   317 cm   32,01 m = _____ cm   35,80 m = _____ cm

0,05 m =   5 cm   0,80 m = _____ cm   46 m = _____ cm

4,12 m = _____ cm   1,55 m = _____ cm   3,04 m = _____ cm

8,17 m = _____ cm   0,01 m = _____ cm   12 m = _____ cm

3 Schreibe als Kommazahl:

17 cm =   0,17 m   500 cm = _____ m   8140 cm = _____ m

820 cm = _____ m   335 cm = _____ m   9000 cm = _____ m

4 cm = _____ m   12 cm = _____ m   425 cm = _____ m

3215 cm = _____ m   2 cm = _____ m   25 cm = _____ m

70

Die Längeneinheit m kann man auch in dm und cm unterteilen.

> 1 m = 10 dm = 100 cm
> 1 dm =   10 cm

4   Fülle die Tabelle aus.

	cm			
	m	dm	cm	Kommazahl
4 m 25 cm	4	2	5	4,25 m
3 m 12 cm				
48 cm				
7 cm				
25 m 40 cm				

5   Verwandle

a) in dm

  7 m =   70 dm

18 m = _____ dm

  9 m = _____ dm

  3 m = _____ dm

b) in cm

28 dm =   280 cm

19 dm = _____ cm

  5 dm = _____ cm

20 dm = _____ cm

c) in m

  40 dm =   4 m

  80 dm = _____ m

120 dm = _____ m

250 dm = _____ m

Für genauere Messungen hat man die Längeneinheit cm in mm unterteilt.

> 1 cm = 10 mm

6   Auch hier verwendet man Komma-zahlen. Für 3 cm 4 mm schreibt man 3,4 cm.

a) Schreibe als Kommazahlen

  4 cm 5 mm = _____

  8 cm 2 mm = _____

19 cm 1 mm = _____

       5 mm = _____

b) Wandle in mm um

  3,8 cm = 38 mm

12,9 cm = _____

  0,7 cm = _____

15,6 cm = _____

71

Große Strecken misst man in km.

    1 km = 1000 m

7 Fülle die Tabelle aus.

	km	m	Kommazahl
4 km 250 m	4	250	4,250 km
3 km 168 m			
525 m			
17 km 800 m			
5 km 60 m			

8 Schreibe in m:

2,750 km = 2750 m

8,125 km = _____ m

0,950 km = _____ m

0,050 km = _____ m

12,125 km = _____ m

28   km = _____ m

0,840 km = _____ m

7   km = _____ m

0,005 km = _____ m

0,080 km = _____ m

0,700 km = _____ m

3   km = _____ m

9 Schreibe in km:

1450 m = 1,450 km

7200 m = _____ km

8000 m = _____ km

500 m = _____ km

16250 m = _____ km

23500 m = _____ km

9300 m = _____ km

800 m = _____ km

24000 m = _____ km

7500 m = _____ km

100 m = _____ km

6100 m = _____ km

Aufpassen beim Rechnen mit Längen!

1 Wer ist von den fünf Freunden der größte? Frank ist 1,45 m, Jürgen 141 cm, Martin 1,65 m, Uwe 1,56 m und Ingo 147 cm. Vergleiche! Schreibe so:

| 1,65 m | > | | > | | > | | > | |

2 Vergleiche und setze die Zeichen <, =, >:

25 dm = 250 cm	6500 m	0,650 km	0,37 m	28 cm
4,2 cm	35 mm	4,3 dm	46 cm	148 cm	1,49 m
8,40 m	84 dm	1,800 km	1800 m	65 dm	65 cm

Rechne schriftlich. Verwandle die **Längen in dieselbe Maßeinheit**, so dass du ohne Kommaschreibweise auskommst.

8,15 **m** + 0,78 **m** + 12,4 **dm** =
815 **cm** + 78 **cm** + 124 **cm**
```
  815 cm
+  78 cm
+ 124 cm
 1017 cm = 10,17 m
```

---

3 Rechne ebenso:

a) 4,25 m + 148 cm + 46 cm

7,125 km + 876 m + 0,521 km

b) 5,405 km – 3420 m

48,4 dm – 359 cm

Wandle die Kommazahlen in solche **ohne Komma** um. Rechne mit ihnen und schreibe das Ergebnis als Kommazahl.

4,28 m · 12
428 cm · 12
```
   428
   856
  5136 cm = 51,36 m
```

---

4 Rechne ebenso:

a) 3,120 km · 15   36,80 m · 23   0,842 km · 17

b) 7,254 km : 9   39,15 m : 5   19,404 km : 12

Diese angewandten Aufgaben solltest du lösen können!

1 Herr Huber ist Vertreter.
Er ist viel mit dem Auto unterwegs.

a) Wie viele km hat er täglich zurückgelegt?

b) Wie viele km ist er in dieser 5-Tage-Woche gefahren?

Kilometerstände		
morgens	abends	km täglich
12533	12847	
12847	13120	
13120	13876	
13876	14231	
14231	15105	

2 Herr Huber wohnt in A.

a) Er muss am Montag die Orte B und C besuchen. Er wählt natürlich den kürzesten Weg.
Sieh dir die Entfernungen in der Zeichnung an. Überlege dir, wie er fahren muss. Bedenke, dass er abends wieder nach A zurück muss. Erhältst du auch für die Gesamtstrecke 288 km?

b) Am Dienstag will er C und E aufsuchen. Berechne genauso wie in a) die Gesamtstrecke.

c) Am Mittwoch sind die Orte B und D an der Reihe.

d) Für den Donnerstag ist der Besuch von C, E und D vorgesehen.

e) Wie viel km ist Herr Huber an den 4 Tagen insgesamt gefahren?

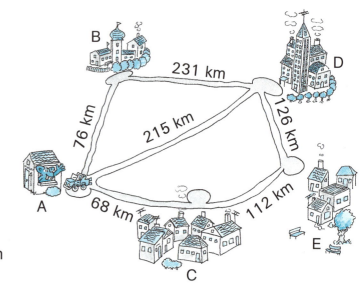

3 Jürgen macht eine Radtour. Er ist 6 Tage unterwegs. Dabei legt er folgende Entfernungen zurück: 45,4 km (Beachte: Da man überflüssige Nullen gern weglässt, schreibt man für 45,400 km kürzer 45,4 km); 36,7 km; 68 km; 59,1 km; 40 km und 35,5 km.

a) Wie lang ist die Gesamtstrecke?

b) Eigentlich wollte er 300 km fahren. Welche Strecke fehlt ihm noch?

4 a) Wie lang muss die Leiste für diesen Bilderrahmen sein?

b) Es sollen 12 solche Bilderrahmen hergestellt werden. Wie viel m Leiste benötigt man?

65 cm

1,12 m

5 Die Laufbahn um einen Sportplatz ist insgesamt 425 m lang.

a) Martin ist 15 Runden gelaufen. Welche Strecke ist das?

b) Peter hat sogar 18 Runden geschafft.

c) Eigentlich wollten sie 10 km laufen. Welche Strecken fehlen ihnen jeweils noch?

> Für die **Hälfte eines Meters** schreibt man $\frac{1}{2}$ m (ein halber Meter). Der **vierte Teil eines Meters** ist $\frac{1}{4}$ m (ein Viertel Meter) und für **drei solcher Teile** schreibt man $\frac{3}{4}$ m (drei Viertel Meter).

6 Rechne um:

a) $\frac{1}{2}$ m = 50 cm

$\frac{1}{4}$ m = _____ cm

$\frac{3}{4}$ m = _____ cm

$\frac{1}{2}$ km = _____ m

$\frac{1}{4}$ km = _____ m

$\frac{3}{4}$ km = _____ m

$\frac{1}{2}$ dm = _____ cm

$\frac{1}{2}$ cm = _____ mm

$\frac{1}{2}$ m = _____ dm

b) $1\frac{1}{2}$ km = 1 km + $\frac{1}{2}$ km = 1500 m

$2\frac{1}{4}$ km = _____

$3\frac{3}{4}$ km = _____

$1\frac{1}{2}$ m = _____ cm

$2\frac{1}{4}$ m = _____ cm

$3\frac{3}{4}$ m = _____ cm

c) Schreibe als Bruchteil:

25 cm = $\frac{1}{4}$ m

50 cm = _____ m

75 cm = _____ m

500 m = _____ km

250 m = _____ km

750 m = _____ km

5 cm = _____ dm

5 mm = _____ cm

5 dm = _____ m

Keine Probleme mit dem Maßstab!

Dieses Spielzeugauto ist 10-fach verkleinert gezeichnet.
Es ist im Maßstab 1:10 abgebildet.

> **Der Maßstab 1:10 bedeutet:**
> 1 cm in der **Zeichnung** sind 10 cm in der **Wirklichkeit**. In der Wirklichkeit sind die Längen also 10-mal so groß wie in der Abbildung.

1 a) Miss Höhe und Länge des Autos im Bild. Wie lang sind diese Strecken in Wirklichkeit?

b) Ein LKW ist in der Abbildung 8 cm lang und 4,7 cm hoch. Wie lang sind diese Strecken in Wirklichkeit?

Die Zeichnung zeigt den Grundriss eines Zimmers 100-fach verkleinert. Er ist also im Maßstab 1:100 gezeichnet.

> **Der Maßstab 1:100 bedeutet:**
> 1 cm in der **Zeichnung** sind 100 cm in der **Wirklichkeit**. In der Wirklichkeit sind die Längen also 100-mal so groß wie in der Zeichnung.

2 a) Miss Länge und Breite des Zimmers im Grundriss. Wie lang sind diese Strecken in Wirklichkeit?

b) Wie breit sind die Tür und das Fenster in Wirklichkeit?

c) Von einem anderen Zimmer beträgt die Länge 6 cm und die Breite 5 cm. Wie lang sind die Strecken in Wirklichkeit?

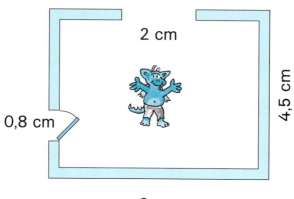

2 cm

4,5 cm

0,8 cm

6 cm

Beim Rechnen mit Maßstäben musst
du das Malnehmen mit und Teilen durch
10, 100 und 1000 beherrschen.

$$45 \text{ cm} \cdot 100 = 4500 \text{ cm} = 45 \text{ m}$$
$$12 \text{ m} \cdot 1000 = 12000 \text{ m} = 12 \text{ km}$$

3 a) Rechne ebenso:

81 cm · 100 = _____

4 cm · 1000 = _____

43 m · 1000 = _____

19 m · 1000 = _____

48 cm · 1000 = _____

8 mm · 10 = _____

$$61 \text{ km} : 1000 = 61000 \text{ m} : 1000 = 61 \text{ m}$$
$$25 \text{ m} : 100 = 2500 \text{ cm} : 100 = 25 \text{ cm}$$

b) Rechne:

36 km : 1000 = _____

8 km : 100 = _____

7 km : 100 = _____

90 m : 1000 = _____

41 cm : 10 = _____

7 cm : 10 = _____

Beim Rechnen mit Kommazahlen muss
man besonders aufpassen:

$$3{,}7 \text{ cm} \cdot 100 = 37 \text{ mm} \cdot 100 = 3700 \text{ mm} = 370 \text{ cm} = 3{,}70 \text{ m}$$
$$0{,}8 \text{ m} \cdot 1000 = 80 \text{ cm} \cdot 1000 = 80000 \text{ cm} = 800 \text{ m} = 0{,}8 \text{ km}$$

Beachte: Überflüssige Nullen lässt man häufig weg!

c) Löse ebenso:

4,9 cm · 100 = _____

3,6 m · 1000 = _____

0,7 cm · 100 = _____

3,2 cm · 10 = _____

$$5 \text{ m} : 10 = 500 \text{ cm} : 10 = 50 \text{ cm} = 0{,}5 \text{ m}$$
$$6{,}5 \text{ m} : 100 = 650 \text{ cm} : 100 = 6500 \text{ mm} : 100 = 65 \text{ mm} = 6{,}5 \text{ cm}$$

Da du hier noch nicht teilen kannst, musst du weiter verwandeln!

3 d) Rechne:

3 m   :   10 = _____

1,5 km : 1000 = _____

3,5 m : 100 = _____

0,8 km : 1000 = _____

4 Löse diese Aufgaben in deinem Heft
und trage hier nur die Ergebnisse ein:

a)   8 cm · 100 = _____   b) 4 km : 1000 = _____   c) 3,5 cm ·   100 = _____

    35 m   · 1000 = _____   15 m : 100 = _____   0,7 km ·   10 = _____

     5 cm · 1000 = _____   28 cm :   10 = _____   8,2 m · 100 = _____

    12 mm ·   10 = _____   70 m : 100 = _____   0,3 m · 1000 = _____

5 Fülle die Tabelle für den Maßstab
1:100 aus:

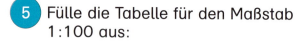

Länge im Grundriss	4,5 cm	3,8 cm	0,7 cm
Länge in Wirklichkeit	4,5 cm · 100 = 4,50 m		

6 Fülle die Tabelle für den Maßstab
1:10 aus:

Länge in der Abbildung	3,2 cm	12 cm	0,8 cm
Länge in Wirklichkeit	3,2 cm · 10 = 32 cm		

7 Ein Zimmer ist 8 m lang und 5 m
breit. Von ihm soll ein Grundriss im
Maßstab 1:100 gezeichnet werden.
Überlege so: Jede Seite des Zimmers
muss auf das 100-fache verkleinert
werden. Das ergibt die Rechnungen
8 m:100 und 5 m:100.

a) Zeichne in dein Heft den Grundriss
des Zimmers.

b) Wie lang müsste man die Seiten des
Zimmers im Maßstab 1:10 zeichnen?
Bedenke, jetzt muss auf das 10-fache
verkleinert, also durch 10 geteilt wer-
den.

8 Fülle die Tabelle für den Maßstab
1:100 aus:

Länge in Wirklichkeit	12 m	15,5 m	31,2 m
Länge im Grundriss	12 m : 100 = 12 cm		

9 Fülle jetzt die Tabelle für den Maß-
stab 1:10 aus:

Länge in Wirklichkeit	35 cm	12 cm	9 cm
Länge in der Abbildung	35 cm : 10 = 3,5 cm		

10 Findest du heraus, welche Maßstäbe
hier verwendet wurden?

a) Bilderrahmen

50 cm

Gehe so vor: Miss die Länge des
Bilderrahmens in der Abbildung. Auf
das Wievielfache muss man 50 cm
verkleinern, um die Länge in der Abbil-
dung zu erhalten?

Welcher Maßstab wurde also
verwendet? Überprüfe ihn, indem
du ebenso die Breite des Bilder-
rahmens untersuchst.

b) Radiergummi

 2 cm

6 cm

Welchen Maßstab erhältst
du jetzt?

c) Bleistift

 20 cm

Gib den Maßstab an.

Nichts ist unmöglich!

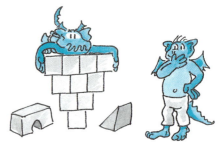

1 Multipliziere immer die nebenein-
ander stehenden Zahlen.
Rechne so weit wie möglich im Kopf.
Die Ergebniszahlen heißen:
10800, 960000, 2000000.

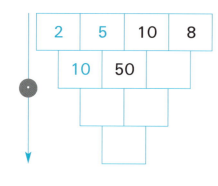

2	5	10	8

10	50

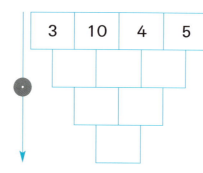

3	10	4	5

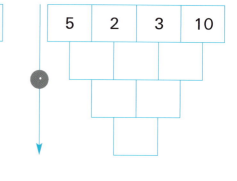

5	2	3	10

2 Rechne die Aufgaben möglichst im
Kopf aus. Verbinde dann die Punkte
in der Reihenfolge der Ergebnisse.

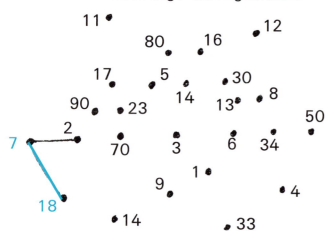

56 :	8 =	7	270 : 3 =	____
162 :	9 =	18	85 : 5 =	____
54 :	6 =	____	30 : 6 =	____
120 :	30 =	____	320 : 4 =	____
250 :	5 =	____	48 : 3 =	____
136 :	4 =	____	126 : 9 =	____
180 :	30 =	____	180 : 6 =	____
24 :	8 =	____	52 : 4 =	____
420 :	6 =	____	72 : 9 =	____
1000 : 500 =		____	102 : 3 =	____

3 Die Lösungszahl besteht aus den Ziffern 1, 3, 6 und 7.

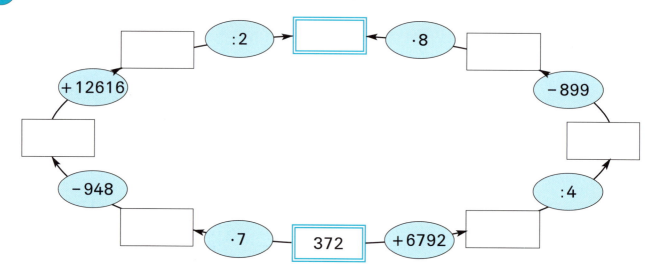

Zusammenfassung

Hier wieder alles Wichtige im Überblick.

Begriffe	Erläuterungen und Beispiele

Längeneinheiten	**1 km = 1000 m**
	    1 m = 10 dm = 100 cm
	       1 dm = 10 cm
	          1 cm = 10 mm

Umrechnen von Längeneinheiten	7 km = 7000 m
	    9000 m = 9 km
	5 m = 500 cm
	    800 cm = 8 m
	3 dm = 30 cm
	    40 cm = 4 dm
	2 cm = 20 mm
	    70 mm = 7 cm

Kommaschreibweise

	km	m	
3 km 400 m	3	400	3,400 **km**
400 m		400	0,400 **km**
4 m		4	0,004 **km**

	m	dm	cm	
7 m 25 cm	7	2	5	7,25 **m**
25 cm		2	5	0,25 **m**
5 cm			5	0,05 **m**

Rechnen mit Kommazahlen

Du kannst das Rechnen mit Kommazahlen vermeiden, indem du die Kommazahlen in Längen ohne Komma verwandelst, und das Ergebnis wieder als Kommazahl schreibst.

4,375 km : 5

```
4375 m  : 5 = 875 m
40            0,875 km
 37
 35
 25
 25
  0
```

Addieren und Subtrahieren von Kommazahlen

Schreibe die Zahlen Komma unter Komma und rechne wie bisher.

17,51 m – 2,48 m

```
  17,51 m
–  2,48 m
  15,03 m
```

Maßstab

Der Maßstab 1:10 bedeutet:
1 cm in der **Zeichnung** entsprechen 10 cm in der **Wirklichkeit**. In der Wirklichkeit sind die Strecken also **10-mal so groß** wie in der Abbildung.
6 cm Zeichnung ➤ 6 cm · 10 = 60 cm Wirklichkeit.

1:100 bedeutet:
1 cm in der **Zeichnung** entsprechen 100 cm in der **Wirklichkeit**. In der Wirklichkeit sind also die Längen **100-mal so groß** wie in der Abbildung.
5 cm Zeichnung ➤ 5 cm · 100 = 500 cm Wirklichkeit.

4 375 km

Test

Überprüfe dein Wissen durch Rechnen dieser Aufgaben.

1 Verwandle. Notiere hier die Ergebnisse.

a) 4,17 m = _____ cm

0,07 m = _____ cm

5,03 m = _____ cm

b) 4,7 cm = _____ mm

60,3 cm = _____ mm

0,2 cm = _____ mm

c) 48,788 km = _____ m

10,950 km = _____ m

0,083 km = _____ m

2 Schreibe mit Komma:

a) 728 cm = _____ m

16 cm = _____ m

1380 cm = _____ m

b) 47 mm = _____ cm

146 mm = _____ cm

5 mm = _____ cm

c) 2178 m = _____ km

481 m = _____ km

87024 m = _____ km

3 Rechne schriftlich.
Beachte: Du musst manchmal die Längen erst in dieselbe Maßeinheit verwandeln.

a) 3,75 km + 812 m + 20 dm

b) 63,97 m − 23 cm − 527 mm

c) 389,57 km · 8

d) 56,16 m : 6

4 Fülle die Tabellen für den Maßstab 1:100 aus.

a)
Länge in der Abbildung	3,7 cm	10,8 cm	0,4 cm
Länge in Wirklichkeit			

b)
Länge in Wirklichkeit	28 m	12,4 m	8 m
Länge in der Abbildung			

Das Umgehen mit der Uhr beeinflusst auch schon dein Leben. So solltest du pünktlich zum Schulbeginn kommen oder deine Verabredungen einhalten. Es ist also wichtig, mit Zeitspannen und Zeitpunkten umgehen zu können.

Das Umrechnen von Sekunden, Minuten, Stunden will gelernt sein

Zeitspannen werden in Sekunden (s), Minuten (min) und Stunden (h) gemessen.

> 1 min = 60 s
> 1 h (Stunde) = 60 min

1 Wandle um:

a)

Minuten	Sekunden
3 min	180 s
5 min	
10 min	
8 min	
12 min	

b)

Minuten	Sekunden
1 min	
$\frac{1}{2}$ min	
$\frac{1}{4}$ min	
$\frac{3}{4}$ min	
$1\frac{1}{2}$ min	

c)

Sekunden	Minuten
240 s	4 min
120 s	
480 s	
600 s	
1200 s	

d) 100 s = 1 min 40 s

150 s = _____

210 s = _____

240 s = _____

250 s = _____

e) 2 min 10 s = 130 s

3 min 20 s = _____

5 min 8 s = _____

4 min 25 s = _____

6 min 12 s = _____

2 Führe auch hier Umwandlungen durch:

a)

Stunden	Minuten
4 h	240 min
3 h	
10 h	
8 h	
12 h	

b)

Stunden	Minuten
1 h	60 min
$\frac{1}{2}$ h	
$\frac{1}{4}$ h	
$\frac{3}{4}$ h	
$1\frac{1}{2}$ h	

c)

Minuten	Stunden
180 min	3 h
240 min	
480 min	
600 min	
1200 min	

2 d) 80 min = 1 h 20 min   e) 2 h 30 min = 150 min

150 min = _____   4 h 10 min = _____

200 min = _____   1 h 50 min = _____

310 min = _____   5 h 5 min = _____

100 min = _____   7 h 15 min = _____

Auch mit Zeitspannen kann man rechnen:
45 s + 28 s = **73 s = 1 min 13 s**
1 h 40 min − 55 min = **100 min − 55 min = 45 min**

Löse ebenso in deinem Heft:

3 a) 45 s + 50 s =   b) 55 min + 30 min =
56 s + 48 s =   47 min + 23 min =
1 min 15 s + 50 s =   2 h 32 min + 50 min =
2 min 20 s + 40 s =   1 h 30 min + 2 h 15 min =
25 s + 1 min =   45 min + 1 h 20 min =

c) 1 min 20 s − 35 s =   d) 2 h 10 min − 50 min =
2 min 10 s − 45 s =   1 h 25 min − 40 min =
3 min 25 s − 50 s =   3 h 25 min − 1 h 40 min =
3 min 25 s − 1 min 50 s =   2 h 40 min − 1 h 50 min =
4 min 10 s − 2 min 20 s =   4 h 35 min − 2 h 55 min =

Hier sollst du multiplizieren und dividieren.
1 h 25 min · 3 = **85 min · 3 = 255 min = 4 h 15 min**
2 min 20 s : 4 = **140 s : 4 = 35 s**

---

4 Führe die Zwischenrechnungen im Heft aus.

a) 2 min 40 s · 3 =   b) 1 h 45 min · 4 =
1 min 15 s · 4 =   2 h 50 min · 5 =
3 min 15 s · 2 =   3 h 20 min · 4 =
1 min 40 s · 5 =   1 h 25 min · 3 =
3 min 25 s · 2 =   4 h 10 min · 2 =

c) 2 min 40 s : 4 =   d) 1 h 30 min : 5 =
1 min 10 s : 5 =   2 h 20 min : 4 =
2 min 45 s : 3 =   3 h 40 min : 4 =
3 min 20 s : 2 =   4 h 10 min : 2 =
4 min 10 s : 5 =   1 h 45 min : 5 =

Halte auseinander: Zeitpunkte – Zeitdauer!

Die erste Uhr zeigt 8 Uhr 30 Minuten.
Man schreibt 8.30 Uhr. 8.30 Uhr ist ein
Zeitpunkt. Welchen Zeitpunkt kannst
du auf der zweiten Uhr ablesen? Welche
Zeitdauer (Zeitspanne) ist verstrichen?

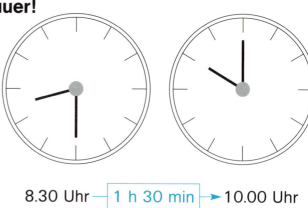

8.30 Uhr — 1 h 30 min → 10.00 Uhr

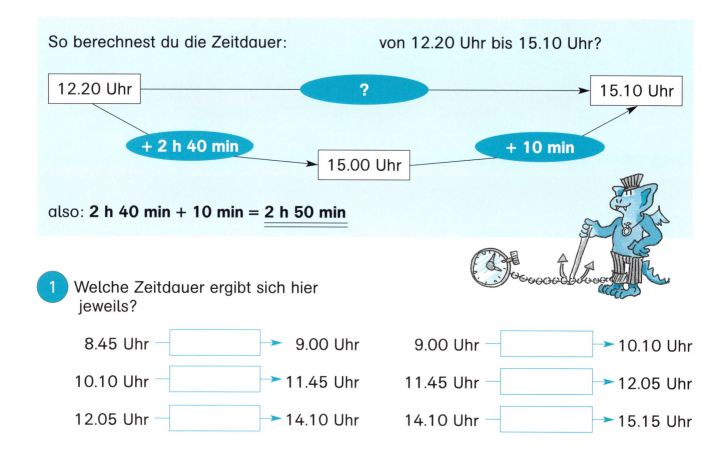

So berechnest du die Zeitdauer: von 12.20 Uhr bis 15.10 Uhr?

12.20 Uhr ——— ? ———→ 15.10 Uhr

+ 2 h 40 min

15.00 Uhr

+ 10 min

also: **2 h 40 min + 10 min = 2 h 50 min**

1 Welche Zeitdauer ergibt sich hier
jeweils?

8.45 Uhr — ⬚ → 9.00 Uhr   9.00 Uhr — ⬚ → 10.10 Uhr

10.10 Uhr — ⬚ → 11.45 Uhr   11.45 Uhr — ⬚ → 12.05 Uhr

12.05 Uhr — ⬚ → 14.10 Uhr   14.10 Uhr — ⬚ → 15.15 Uhr

2 Hier ein Ausschnitt aus dem Fern-
sehprogramm. Gib jeweils an,
wie lange die Sendungen dauern.

_____ 30 min _____

_____

_____

_____

_____

9.30 Uhr Wochenvorschau
10.00 Uhr Weltumseglung
          mit Familie
          Septimus Siebensohn
10.45 Uhr Poga 1104
11.15 Uhr Intern. Frühschoppen
12.00 Uhr

Zeitpunkte berechnest du am besten so

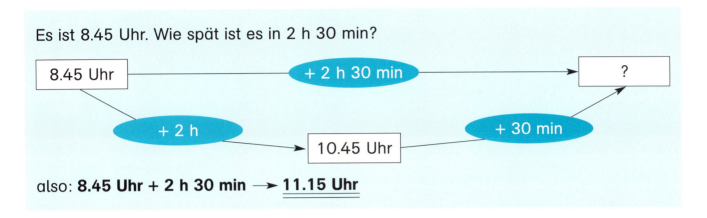

Es ist 8.45 Uhr. Wie spät ist es in 2 h 30 min?

| 8.45 Uhr | → + 2 h 30 min → | ? |

+ 2 h → 10.45 Uhr → + 30 min

also: **8.45 Uhr + 2 h 30 min → 11.15 Uhr**

---

1 An Karolas Schule beginnt um 7.45 Uhr der Unterricht. Die 1. Stunde dauert 45 min. Dann sind 5 min Pause. Die nächste Stunde ist wieder 45 min lang.

Jetzt kommt eine große Pause von 20 min. Nach der 3. Stunde endet der Unterricht. Trage hier die Zeitpunkte ein, wann die Stunden und Pausen jeweils zu Ende waren.

| 7.45 Uhr | | | | | |

2 Jürgen hat den Sonntagvormittag so verbracht: 8.45 Uhr aufstehen, 20 min waschen, 30 min frühstücken, 1 h spielen, 1 h 10 min fernsehen, 45 min lesen.

Dann musste er zum Mittagessen. Notiere hier die Zeitpunkte, wann er mit dem Waschen, Frühstücken usw. fertig war.

| 8.45 Uhr | | | | | |

3 Diese fünf D-Züge verkehren zwischen Stuttgart und Heidelberg. Berechne die Fahrzeiten.

Zugnummern	D 798	D 516	D 714	D 614	D 512
Stuttgart ab	8.07	9.45	9.56	11.01	11.57
Heidelberg an	9.24	11.01	11.08	12.17	13.14
Fahrzeiten					

Tage, Wochen, Monate, Jahre sind die großen Zeiteinheiten

Für größere Zeitspannen verwenden wir als Zeiteinheiten
Tage (Tg.), Wochen (Wch.), Monate (Mon.) und Jahre (J.).

> 1 Tag = 24 Stunden (h)
> 1 Woche = 7 Tage (Tg.)
> 1 Jahr = 12 Monate (Mon.)

1 a) Sieh im Kalender nach: Wie viel Tage haben die Monate Januar, Februar, März und April?
Da die einzelnen Monate unterschiedlich lang sind, gibt es keine feste Beziehung zwischen der Anzahl der Tage und einem Monat, die zugleich für alle Monate gilt.

b) Für einen Umlauf um die Sonne benötigt die Erde etwas länger als 365 Tage. Dieses „etwas länger" wird alle vier Jahre dadurch ausgeglichen, dass man das Jahr um einen Tag verlängert. Der Februar hat dann nicht 28 sondern 29 Tage. Man spricht von einem Schaltjahr (366 Tage). Welches der Jahre 1998, 1999, 2000 ist ein Schaltjahr?

c) Fülle diese Tabelle für 2001 aus:

Januar	Februar	März	April	Mai	Juni
31 Tage					

Juli	August	September	Oktober	November	Dezember

2 Wandle um:

a)
Tage	Stunden
3 Tg.	72 h
5 Tg.	
2 Tg.	
7 Tg.	
10 Tg.	

b)
Tage	Stunden
1 Tg.	
$\frac{1}{2}$ Tg.	
$\frac{1}{4}$ Tg.	
$\frac{3}{4}$ Tg.	
$1\frac{1}{2}$ Tg.	

c)
Stunden	Tage
48 h	2 Tg.
240 h	
120 h	
72 h	
144 h	

d) 2 Tg. 5 h = 53 h

10 Tg. 8 h = _____

3 Tg. 10 h = _____

5 Tg. 20 h = _____

e) 38 h = 1 Tg. 14 h

30 h = _____

50 h = _____

80 h = _____

3 Rechne um:

a)
Wochen	Tage
3 Wch.	21 Tg.
7 Wch.	
10 Wch.	
12 Wch.	

b)
Tage	Wochen
49 Tg.	7 Wch.
63 Tg.	
70 Tg.	
140 Tg.	

c) 3 Wch. 5 Tg. = 26 Tg.

7 Wch. 1 Tg. = _____

10 Wch. 4 Tg. = _____

12 Wch. 3 Tg. = _____

d) 19 Tg. = 2 Wch. 5 Tg.

25 Tg. = _____

30 Tg. = _____

62 Tg. = _____

4 Führe auch hier Umwandlungen durch:

a)
Jahre	Monate
5 J.	60 Mon.
10 J.	
3 J.	
$\frac{1}{2}$ J.	
$\frac{1}{4}$ J.	

b)
Monate	Jahre
24 Mon.	2 J.
60 Mon.	
48 Mon.	
36 Mon.	
120 Mon.	

c) 3 J. 8 Mon. = 44 Mon.

5 J. 10 Mon. = _____

1 J. 11 Mon. = _____

4 J. 7 Mon. = _____

d) 45 Mon. = 3 J. 9 Mon.

64 Mon. = _____

70 Mon. = _____

80 Mon. = _____

3 Wch. 5 Tg. + 2 Wch. 4 Tg. = **26 Tg. + 18 Tg. = 44 Tg.** = 6 Wch. 2 Tg.

5 Führe die Zwischenrechnungen im Heft aus.

a) 3 Wch. 2 Tg. + 5 Wch. 5 Tg. =

4 Wch. 3 Tg. + 2 Wch. 6 Tg. =

2 Wch. 5 Tg. + 6 Wch. 3 Tg. =

7 Wch. 5 Tg. + 2 Wch. 4 Tg. =

b) 7 Wch. 2 Tg. – 3 Wch. 5 Tg. =

6 Wch. 3 Tg. – 2 Wch. 4 Tg. =

9 Wch. 1 Tg. – 4 Wch. 3 Tg. =

5 Wch. 3 Tg. – 3 Wch. 4 Tg. =

Rund um den Kalender

1 a) Die Weihnachtsferien dauern
2 Wch. 3 Tg. und die Osterferien
2 Wch. 6 Tg. Wie viel Ferien sind
das insgesamt?

b) Von den 6 Wch. 2 Tg. der großen
Ferien will Jürgen zu Beginn eine
10-tägige Radtour machen. Mit
seinen Eltern fährt er anschlie-
ßend 2 Wch. 6 Tg. in die Alpen.
Wie viel Tage von den Ferien blei-
ben ihm noch übrig?

c) Herr Müller bekommt im Jahr
6 Wochen Urlaub. Er hat sich die Zeit
so eingeteilt: 2 Wch. 1 Tg. nimmt er
im Winter, 8 Tg. will er nach Sachsen
fahren und 2 Wch. 5 Tg. macht er
Sommerurlaub. Behält er
noch Urlaub übrig?

> Vom **8. April** bis **24. April** sind es **16 Tage.** Man rechnet: **24 − 8 = 16.** Dabei lässt
> man den ersten Tag der Zeitspanne weg und rechnet den letzten hinzu.

2 Wie viele Tage sind es hier jeweils?

3. Mai bis 21. Mai _____   12. Juni bis 30. Juni _____

8. August bis 26. August _____   9. September bis 16. September _____

16. Oktober bis 28. Oktober _____   14. Dezember bis 31. Dezember _____

> Vom **12. April** bis **9. Mai** sind es **27** Tage.
> Rechne so: Der Monat April hat 30 Tage.
>   30 − 12 = 18. Es sind also **18 Tage** im April.
>   Hinzu kommen **9 Tage** im Mai.
>   Mithin gilt: **18 Tg. + 9 Tg. = 27 Tg.**

3 Berechne ebenso. Benutze einen
Kalender:

15. Mai bis 6. Juni _____   4. Januar bis 20. Februar _____

19. März bis 12. April _____   16. Oktober bis 19. November _____

4. August bis 20. September _____   23. November bis 14. Dezember _____

4 Tina ist vom 7. Mai bis 14. Mai im
Schullandheim.

a) Wie viele Tage ist sie weg?

b) Eigentlich sollte die Klassenfahrt
10 Tage dauern. Wann wäre Tina
dann zurückgekommen?

90

Zusammenfassung

Alles Wichtige aus dem letzten Kapitel kannst du hier nachschlagen.

Begriffe	Erläuterungen
Zeiteinheiten	**Stunden (h) – Minuten (min) – Sekunden (s)** 1 h = 60 min 　　　　1 min = 60 s 4 h = 240 min　　　　360 min = 6 h 　　3 min = 180 s　　　420 s = 7 min **Tage (Tg.) – Wochen (Wch.) – Monate (Mon.) – Jahre (J.)** 　　1 Tag = 24 h 1 Woche = 7 Tg. 　1 Jahr = 12 Mon. 4 Tg. = 4 · 24 h = 96 h 48 h = 48 h : 24 h = 2 ⟶ 48 h = 2 Tg. 5 Wch. = 5 · 7 Tg. = 35 Tg. 42 Tg. = 42 Tg. : 7 Tg. = 6 ⟶ 42 Tg. = 6 Wch. 3 J. = 3 · 12 Mon. = 36 Mon. 24 Mon. = 24 Mon. : 12 Mon. = 2 ⟶ 24 Mon. = 2 J.
Zeitpunkt – Zeitdauer	Den **Zeitpunkt** liest du auf der Uhr ab. Die Zeit, die zwischen zwei Zeitpunkten liegt, heißt **Zeitdauer** oder **Zeitspanne**. **Zeitpunkte** 8.00 Uhr — 1 h 45 min ⟶ 9.45 Uhr **Zeitdauer**

Rechnen mit
Zeitpunkten und
Zeitdauer

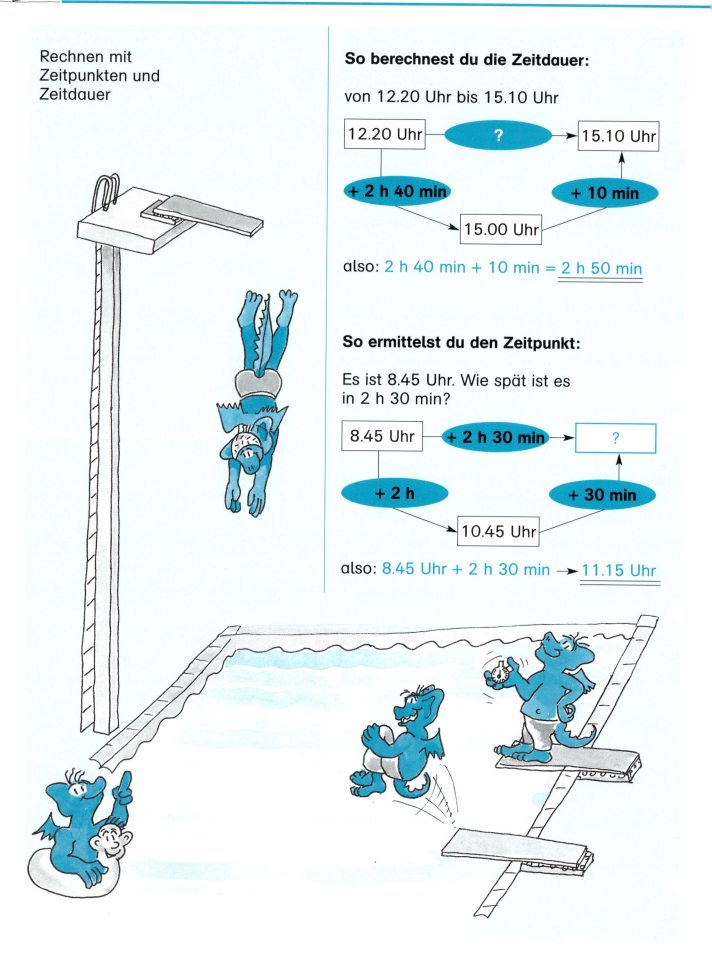

So berechnest du die Zeitdauer:

von 12.20 Uhr bis 15.10 Uhr

| 12.20 Uhr | ? | → | 15.10 Uhr |

+ 2 h 40 min   **+ 10 min**

15.00 Uhr

also: 2 h 40 min + 10 min = 2 h 50 min

So ermittelst du den Zeitpunkt:

Es ist 8.45 Uhr. Wie spät ist es
in 2 h 30 min?

| 8.45 Uhr | **+ 2 h 30 min** → | ? |

+ 2 h   **+ 30 min**

10.45 Uhr

also: 8.45 Uhr + 2 h 30 min → 11.15 Uhr

Test

Hier findest du wieder die Grundaufgaben des letzten
Kapitels. Überprüfe dein Wissen.

1 a) 1 min 40 s = ____ s   c) 3 h 10 min = ____ min   e) 200 s = ____ min ____ s

      2 min   5 s = ____ s   5 h 12 min = ____ min   450 s = ____ min ____ s

   b) 250 min = ____ h ____ min   d) 3 Tg. = ____ h   f) 48 h = ____ Tg.

      370 min = ____ h ____ min   5 Tg. = ____ h   12 h = ____ Tg.

2 Rechne um:

   a)   8 Wch. 5 Tg. = ____ Tg.   b)   3 J. = ____ Mon.

      12 Wch. 6 Tg. = ____ Tg.   2 J. 10 Mon. = ____ Mon.

           48 Tg. = ____ Wch. ____ Tg.   13 Mon. = ____ J. ____ Mon.

         100 Tg. = ____ Wch. ____ Tg.   30 Mon. = ____ J. ____ Mon.

3 Löse die Aufgaben. Beachte, dass du
erst in dieselbe Einheit umwandeln
musst.

   a) 3 min + 300 s   b) 3 min 12 s – 48 s

      3 Wch. 2 Tg. + 4 Wch. 3 Tg.   1 J. 3 Mon. – 9 Mon.

      1 min 20 s + 123 s   2 h 30 min – 60 min

      $1\frac{1}{2}$ J. + 7 Mon.   9 Wch. 3 Tg. – 2 Wch. 5 Tg.

4 Ein D-Zug fährt um 16.22 Uhr in
Hannover ab und erreicht nach
2 Stunden 51 Minuten Düsseldorf.
Wie spät ist es dann?

5 Wie viele Tage sind es jeweils?

   a)   3. April bis 29. April   b)   5. Mai bis 6. Juli

      19. September bis 4. November   20. Oktober bis 10. Dezember

Die Beschäftigung mit Gewichten und Rauminhalten
schließt die Wiederholung der Größen ab.
Auch hier geht es wieder um Umrechnungen und
Kommaschreibweisen.

Die Kommaschreibweise von Gewichten braucht dich nicht zu schrecken!

Beim Einkaufen werden die
Gewichte in kg und g angegeben.

```
┌─────────────────────┐
│  1 kg = 1000 g      │
└─────────────────────┘
```

1 Die Mutter kauft einen
Schinken, der 5 kg 450 g
wiegt. Fülle die Tabelle aus.

a)

	kg	g	Kommaschreibweise
5 kg 450 g	5	450	5,450 kg
8 kg 165 g			
12 kg 50 g			
2 kg 5 g			

2 Wandle um:

2500 g = 2 kg 500 g = 2,500 kg   6,750 kg = 6 kg 750 g = 6750 g

3700 g = _____   0,750 kg = _____

6505 g = _____   2,080 kg = _____

12050 g = _____   0,090 kg = _____

3 Schreibe als Kommazahl:

800 g = 0,800 kg   4005 g = _____   15000 g = _____

1200 g = _____   15040 g = _____   1500 g = _____

50 g = _____   9000 g = _____   150 g = _____

4500 g = _____   700 g = _____   15 g = _____

4 Rechne um:

$\frac{1}{2}$ kg = 500 g $2\frac{1}{2}$ kg = _____   250 g = $\frac{1}{4}$ kg

$\frac{1}{4}$ kg = _____ $1\frac{1}{4}$ kg = _____   500 g = _____

$\frac{3}{4}$ kg = _____ $2\frac{3}{4}$ kg = _____   750 g = _____

$1\frac{1}{2}$ kg = _____ $3\frac{1}{2}$ kg = _____   1250 g =

Große Gewichte werden in t (Tonnen) und kg angegeben.

┌─────────────────────┐
│ 1 t = 1000 kg   │
└─────────────────────┘

5 Ein Lastwagen hat 12 t 500 kg Sand geladen. Fülle die Tabelle aus.

	t	kg	Kommaschreibweise
12 t 500 kg	12	500	12,500 t
8 t 650 kg			
950 kg			
7 t 80 kg			
3 t 5 kg			

6 Wandle um:

3750 kg = 3 t 750 kg = 3,750 t   1,080 t = 1 t 80 kg = 1080 kg

9250 kg = _____   7,235 t = _____

580 kg = _____   0,580 t = _____

12350 kg = _____   0,058 t = _____

7 Schreibe als Kommazahl:

700 kg = 0,700 t   5080 kg = _____   42000 kg = _____

2500 kg = _____   12000 kg = _____   5600 kg = _____

25600 kg = _____   900 kg = _____   70 kg = _____

8000 kg = _____   80 kg = _____   5 kg = _____

Bei manchen Kommazahlen werden oft **überflüssige Nullen** weggelassen.   0,**700** t = 0,7 t   0,**800** kg = 0,8 kg
1,**500** t = 1,5 t   2,**100** kg = 2,1 kg

8 Schreibe diese Gewichtsangaben wieder als ausführliche Kommazahlen:

0,3 t = 0,300 t   0,1 t = _____   0,6 kg = _____

2,7 t = _____   3,5 t = _____   7,2 kg = _____

81,5 t = _____   12,3 t = _____   1,8 kg = _____

So rechnest du mit Gewichten

1 Auf einem Lieferwagen liegen 5 schwere Kisten. Sie wiegen 5400 g; 54 kg; 0,540 t; 0,540 kg und 5,400 t.

Vergleiche ihre Gewichte und ordne sie so an:

	>		>		>		>	

2 Vergleiche und setze jeweils die Zeichen <, =, >:

32 kg		32000 g	1,250 t		125 kg	250 kg		$\frac{1}{4}$ t
1,8 kg		18000 g	0,540 t		54 kg	3500 kg		3,5 t
0,350 kg		3500 g	4,125 t		4125 kg	17000 kg		1,7 t

Rechne schriftlich. Führe die Zwischenrechnungen ohne Kommazahlen durch.

1,735 t + 851 kg + 4,250 t =

```
1735 kg + 851 kg + 4250 kg
  1735 kg
+  851 kg
+ 4250 kg
  6836 kg = 6,836 t
```

3 Rechne ebenso:

a) 0,085 t + 3,712 t + 654 kg   3,875 kg + 0,560 kg + 125 g

b) 9,651 t – 873 kg   26,080 kg – 19,503 kg

Führe auch hier die Zwischenrechnungen ohne Kommazahlen durch.

4,250 kg · 12

```
4250 g · 12
  4250
  8500
51000 g = 51,000 kg = 51 kg
```

4 a) 12,500 t · 18   8,720 kg · 15   0,871 kg · 21

b) 30,375 kg : 15   3,455 kg : 5   7,440 t : 6

Und wieder geht es um Gewichte

1 a) Mutter packt ein Geschenkpäck-chen. Es enthält 250 g Kaffee, eine Pralinenpackung zu 125 g und ein Buch (Gewicht: $\frac{1}{2}$ kg). Die Verpackung wiegt 135 g. Wie schwer wird das Päckchen?

b) Das Höchstgewicht für Päckchen beträgt 2 kg. Wie viel könnte noch hinein?

2 a) Martin packt für eine Wanderung seinen Rucksack. Er nimmt 375 g belegte Brote mit. 1,280 kg wiegt die Flasche Limonade, 425 g das Regenzeug und 0,820 kg der leere Rucksack. Welches Gewicht muss er tragen?

b) Unterwegs verzehrt er seine Brote und trinkt die Limonade. Die leere Flasche bringt er wieder mit zurück. Sie wiegt 0,280 kg. Wie schwer ist jetzt sein Rucksack?

3 a) Mit einem Lastenaufzug sollen Kisten befördert werden. Sie wiegen 81,750 kg, 65,800 kg, 925 kg und 77 kg. Wie schwer sind sie insgesamt?

b) Der Aufzug darf nur 1,500 t transportieren. Wie viel könnte noch zugeladen werden?

4 a) Ein Päckchen wiegt 180 g. 12 davon sollen in eine Kiste gepackt werden. Wie viel wiegen die Päckchen insgesamt?

b) 15 Päckchen einer anderen Sorte wiegen 7,350 kg. Wie schwer ist jedes Päckchen?

c) Wie viel wiegen 12 Päckchen von dieser Sorte?

5 Ein großes Päckchen wiegt 1,280 kg, ein kleines 850 g.

a) Wie viel wiegen jeweils 8 große, 8 kleine, 15 große, 15 kleine Päckchen?

b) Es sollen in eine Kiste 7 große und 17 kleine Päckchen verpackt werden. Berechne das Gesamt-gewicht.

c) In eine andere Kiste passen 6 große und 11 kleine Päckchen.

Hier geht es um Rauminhalte

Rauminhalte kann man in Liter (l) und Milliliter (ml)
messen. In einem Kanister sind 5 l Benzin.
Eine Konservendose hat 450 ml Inhalt.

$$1\ l = 1000\ ml$$

1 a) Wandle um:

5 l = 5000 ml	7000 ml = 7 l	$\frac{1}{2}$ l = 500 ml
12 l = _____	10000 ml = _____	$\frac{1}{4}$ l = _____
20 l = _____	2000 ml = _____	$\frac{3}{4}$ l = _____
3 l = _____	25000 ml = _____	$1\frac{1}{2}$ l = _____

b) l und ml lassen sich auch
als Kommazahlen schreiben:
Fülle die Tabelle aus.

	l	ml	Kommaschreibweise
5 l 300 ml	5	300	5,300 l
8 l 250 ml			
250 ml			
1 l 500 ml			
800 ml			

2 Schreibe als Kommazahl:

500 ml = 0,500 l	$\frac{1}{2}$ l = 500 ml = 0,500 l
100 ml = _____	$\frac{1}{4}$ l = _____
6200 ml = _____	$\frac{3}{4}$ l = _____
3500 ml = _____	$1\frac{1}{4}$ l = _____

3 Aus einem 5 l-Kanister werden nach-
einander 1,250 l, $1\frac{1}{2}$ l und 0,700 l
ausgegossen.

a) Wie viel l sind das?

b) Wie viel l bleiben im Kanister?

Auf manchen Dosen, Flaschen, Tuben
findest du Angaben wie 0,5 l, 1,2 l
usw. Dies sind verkürzte Schreibweisen
für 0,500 l, 1,200 l usw., bei denen
die überflüssigen Nullen weggelassen
wurden.

Zusammenfassung

Hier kannst du nachschlagen, falls du Probleme mit den
Aufgaben dieses Kapitels hast.

Begriffe	Erläuterungen
Gewichtseinheiten	**1 t = 1000 kg** **1 kg = 1000 g** **1 g = 1000 mg** mg ist die Abkürzung für Milligramm
Umrechnen von Einheiten	7 t = 7000 kg 6000 kg = 6 t 2 kg = 2000 g 8000 g = 8 kg 5 g = 5000 mg 3000 mg = 3 g
Rauminhaltseinheiten	**1 l = 1000 ml** ml ist die Abkürzung von Milliliter 7 l = 7000 ml 8000 ml = 8 l

Kommaschreibweise

		t	kg	
5 t 800 kg		5	800	5,800 t
800 kg			800	0,800 t
8 kg			8	0,008 t

		kg	g	
12 kg 500 g		12	500	12,500 kg
500 g			500	0,500 kg
5 g			5	0,005 kg

		g	mg	
4 g 350 mg		4	350	4,350 g
350 mg			350	0,350 g
35 mg			35	0,035 g

	l	ml	
7 l 400 ml	7	400	7,400 l
400 ml		400	0,400 l
4 ml		4	0,004 l

Rechnen mit Kommazahlen

Du kannst das Rechnen mit Komma-
zahlen vermeiden, indem du die
Kommazahlen in Größen ohne Komma
verwandelst und das Ergebnis wieder
als Kommazahl schreibst.

$0,875 \text{ t} \cdot 5$

$\underline{875 \text{ kg} \cdot 5}$

$\qquad 4375 \text{ kg} = \underline{4,375 \text{ t}}$

Addieren und Subtrahieren
von Kommazahlen

Schreibe die Größen Komma unter
Komma und rechne wie bisher.

Test

Hier wieder die Grundaufgaben des letzten Kapitels zum Überprüfen deines Lernerfolgs.

1 Verwandle:

a) 3400 g = _____ kg

  200 g = _____ kg

50080 g = _____ kg

b) 4670 kg = _____ t

  381 kg = _____ t

  87 kg = _____ t

c) $\frac{1}{2}$ kg = _____ g

  250 g = _____ kg

  $\frac{3}{4}$ t = _____ kg

d) 0,780 kg = _____ g

  7,150 kg = _____ g

  23,004 kg = _____ g

e) 3,980 t = _____ kg

  0,041 t = _____ kg

  32,130 t = _____ kg

2 Rechne um:

a) 3 l = _____ ml

  12 l = _____ ml

  $\frac{1}{2}$ l = _____ ml

b) 4000 ml = _____ l

  15000 ml = _____ l

  2000 ml = _____ l

c) 8,250 l = _____ ml

  0,250 l = _____ ml

  3,500 l = _____ ml

3 Rechne schriftlich:

a) 3,421 t + 748 kg + 0,3 t

b) 6,791 t − 364 kg

c) 3,785 t · 6

d) 1,767 kg : 3

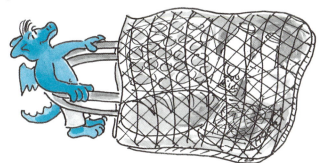

4 Henning geht einkaufen. Er soll 3,5 kg Kartoffeln, 250 g Butter, $\frac{1}{2}$ kg Hackfleisch, 2 l Milch (1 l wiegt 1000 g) und ein Brot zu 750 g mitbringen. Seine Einkaufstasche wiegt 0,5 kg. Welches Gewicht muss er tragen?

Du sollst hier die Beziehungen Teiler von bzw. Vielfaches
von einer Zahl wiederholen. Dabei spielen auch die
Pfeilbilder eine Rolle, weil man mit ihrer Hilfe solche
Beziehungen anschaulich erfassen kann.

Was sind Teiler und Vielfache?

> $21 : 3 = 7$
> Weil 21 durch 3 ohne Rest
> teilbar ist, ist 3 ein Teiler von 21
> $21 : 4 = 5 \text{ R } 1$
> 4 ist ist dagegen kein Teiler von 21

1 Welche Zahlen sind hier jeweils
Teiler? Beantworte die Fragen mit
ja oder nein. Ist

2 Teiler von 21? _____   4 Teiler von 20? _____

7 Teiler von 21? _____   5 Teiler von 20? _____

21 Teiler von 21? _____   3 Teiler von 20? _____

1 Teiler von 21? _____   8 Teiler von 20? _____

> 21 ist ein **Vielfaches** von 3 weil $21 = 7 \cdot 3$
> 21 ist dagegen **kein Vielfaches** von 4 weil $21 = 5 \cdot 4 + 1$

2 Beantworte auch hier die Fragen mit
ja oder nein. Ist

21 Vielfaches von 7? _____   20 Vielfaches von 4? _____

21 Vielfaches von 2? _____   20 Vielfaches von 10? _____

21 Vielfaches von 21? _____   20 Vielfaches von 1? _____

Bedenke: $21 = 21 \cdot 1$ Bedenke: $20 = 1 \cdot 20$

21 Vielfaches von 10? _____   20 Vielfaches von 3? _____

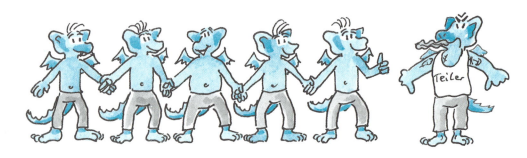

Bestimmen der Teiler bzw. Vielfache einer Zahl

1 Schreibe hier alle Teiler von 12 auf:

1, _____

Suche auch alle Teiler von

15: _____

18: _____

20: _____

21: _____

25: _____

30: _____

> Suchst du alle Teile einer Zahl,
> so musst du systematisch vorgehen.
>
> Beispiel: alle Teiler von 12
>
> **1** ist Teiler von 12 (denn 12 : **1** = 12,
> es bleibt also **kein Rest**)
> **2** ist Teiler von 12
> **3** ist Teiler von 12, **4** ist Teiler von 12
> **5** ist **kein** Teiler von 12
> **6** ist Teiler von 12
> 7, 8, 9, 10, 11 sind **keine** Teiler von 12
> **12** ist Teiler von 12

Hat eine Zahl nur 2 Teiler,
so heißt sie **Primzahl**.

2 Bestimme von diesen Zahlen alle
Teiler:

16: _____

17: _____

18: _____

19: _____

20: _____

21: _____

Welche Zahlen sind also Primzahlen?

_____

_____

> 13 hat nur die Teiler **1, 13**
> 13 ist daher eine **Primzahl**
> 14 hat die Teiler
> **1, 2, 7, 14**
> 14 ist **keine Primzahl**

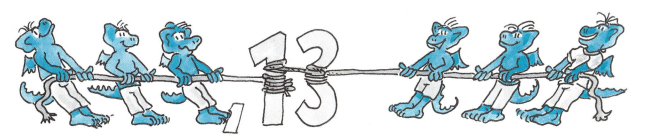

Das Bestimmen der Vielfachen einer Zahl ist wesentlich einfacher als das Ermitteln ihrer Teiler. Während aber eine Zahl nur eine bestimmte Anzahl von Teilern besitzen kann, hat sie dagegen unbegrenzt viele Vielfache.

Beispiel: Vielfache von 12

$1 \cdot 12 = \mathbf{12}$

$2 \cdot 12 = \mathbf{24}$

$3 \cdot 12 = \mathbf{36}$

$4 \cdot 12 = \ldots$

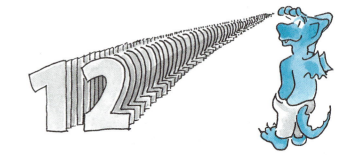

3 Bestimme vier weitere Vielfache von 12. 12 besitzt also die Vielfache:

24, 36, _____

Ermittle ebenso jeweils acht Vielfache von

7: _____   11: _____

13: _____   17: _____

20: _____   25: _____

4 Male alle Felder aus, in denen Zahlen stehen, die als Teiler 4 oder 7 besitzen. Du erhältst dann ein Lösungswort.

36	63	128	219	56	100	252	207	144	57	71	212	78	94
3	96	13	41	427	113	77	114	126	39	111	154	121	62
25	48	122	75	105	42	180	83	245	91	19	52	84	54

So musst du Pfeilbilder lesen und zeichnen

1 Entnimm dem Pfeilbild alle Zahl-
beziehungen.

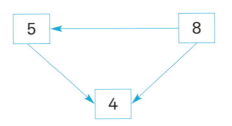

8 ist größer als 5   8 > 5

8 _____   8 _____

_____

_____

2 Entnimm diesem Pfeilbild alle Zahl-
beziehungen.

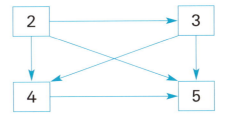

2 ist kleiner als 3   2 < 3

_____

_____

_____

_____

_____

3 Setze hier alle Pfeile.

ist kleiner als

1   5

9   7

So kennzeichnest du Teiler und Vielfache im Pfeilbild

1 Der Pfeil soll jetzt bedeuten:

→

ist Teiler von

Entnimm dem Pfeilbild alle Zahl-
beziehungen:

2 ist Teiler von 2

2 ist Teiler von _____

_____

_____

_____

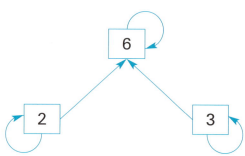

Der Pfeil, der die Beziehung „2 ist Teiler
von 2" kennzeichnet, heißt *Ringpfeil*.

2 Entnimm diesem Pfeilbild alle Zahl-
beziehungen:

→

ist Teiler von

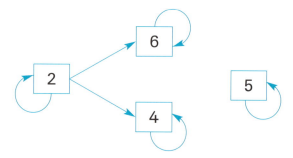

_____

_____

_____

_____

_____

_____

3 Zeichne alle Pfeile ein. Vergiss die
Ringpfeile nicht.

→

ist Teiler von

a)
12   3

4   6

b)
4   6

2   3

1

6 ist ein Vielfaches von 2, weil 3 · 2 = 6.
Auch 2 ist ein Vielfaches von 2, denn es
gilt 1 · 2 = 2.
2 ist dagegen kein Vielfaches von 6.

4 Der Pfeil bedeutet hier:

$\longrightarrow$

ist Vielfaches von

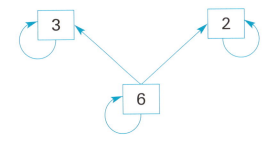

Entnimm dem Pfeilbild alle Zahl-
beziehungen:

6 ist Vielfaches von 3

_____

_____

_____

_____

_____

5 Entnimm dem Pfeilbild alle Zahl-
beziehungen:

$\longrightarrow$

ist Vielfaches von

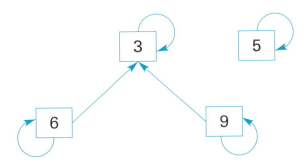

_____

_____

_____

_____

_____

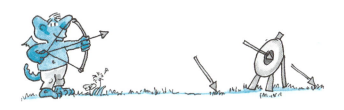

6 Zeichne alle Pfeile ein. Vergiss die
Ringpfeile nicht.

$\longrightarrow$

ist Vielfaches von

a)

2

4

10

8

b)

8

5

4

15

30

Zusammenfassung

Hier findest du wieder alles Wichtige des letzten Kapitels im Überblick.

Begriffe	Erläuterungen und Beispiele
Teiler einer Zahl	$18 : 6 = 3$ **6 ist Teiler von 18**, weil sich 18 ohne Rest durch 6 teilen lässt. $18 : 7 = 2$ **Rest 4** **7** ist kein Teiler von 18, weil 18 : 7 einen Rest ergibt.
Vielfaches einer Zahl	$28 = 4 \cdot 7$ **28 ist ein Vielfaches von 7**, weil $28 = 4 \cdot 7$ ist. $28 = 3 \cdot 9 + 1$ **28** ist dagegen **kein** Vielfaches von **9**.
Primzahlen	**Primzahlen** sind Zahlen, die **nur** zwei Teiler besitzen. **17** hat **nur** die Teiler 1 und 17, ist also **Primzahl**. 15 besitzt dagegen die Teiler 1, 3, 5 und 15. 15 ist deshalb **keine Primzahl**.
Pfeilbild	Beziehungen zwischen Zahlen wie „ist Teiler von" oder „ist Vielfaches von" lassen sich im Pfeilbild verdeutlichen: Die Pfeile bedeuten hier: ist Teiler von

Test

Überprüfe dein Wissen, indem du diese Grundaufgaben löst.

1 Notiere mit ja oder nein, ob diese
Zahlen jeweils Teiler sind. Ist

5 Teiler von 30? _____

4 Teiler von 24? _____

8 Teiler von 20? _____

9 Teiler von 45? _____

2 Welche Zahl ist hier Vielfaches?
Kennzeichne es mit ja oder nein.

56 Vielfaches von 8? _____

49 Vielfaches von 7? _____

32 Vielfaches von12? _____

55 Vielfaches von 11? _____

3 Bestimme alle Teiler von

21: _____

36: _____

4 Ermittle die ersten 6 Vielfachen von

14: _____

60: _____

5 Welche dieser Zahlen ist Primzahl?
37 oder 35

6 Zeichne alle Pfeile ein:

ist Vielfaches von

ist Teiler von

a)

4

12   20

16

b)

4

12   20

16

In diesem Kapitel findest du Aufgaben, in denen das, was du gelernt hast, angewandt werden soll. Dazu gehört vor allem das Lösen von Sachaufgaben, aber auch das Umgehen mit Zahlenfolgen oder das Arbeiten mit einfachen Gleichungen und Ungleichungen.

Sachaufgaben

Bei den Aufgaben in diesem Kapitel solltest du so vorgehen:

1. Lies die Aufgaben langsam und sorgfältig durch. Frage dich: Habe ich die Aufgabenstellung verstanden? Weiß ich, was ich rechnen soll?
2. Überlege dir, wie du vorgehen willst. Entwirf einen Lösungsplan.
3. Führe deinen Plan aus. Achte dabei auf sauberes, übersichtliches Anordnen der Einzelrechnungen. Kennzeichne die Zwischenergebnisse und überprüfe durch Überschlag, ob dein Ergebnis stimmen kann.

Verwende Rechenpläne als Lösungshilfe!

Für ein Büro werden gekauft:
8 Bleistifte zu je 35 Cent
5 Radiergummis zu je 65 Cent
6 Kugelschreiber zu je 2,45 Euro

Wie viel kosten
a) alle Bleistifte?
b) alle Radiergummis?
c) alle Kugelschreiber?
d) Wie teuer ist alles zusammen?

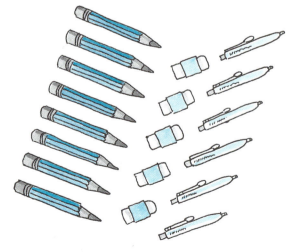

Du kannst dir die Lösung durch einen Rechenplan verdeutlichen:

Preis für Bleistifte		Preis für Radiergummis		Preis für Kugelschreiber	
8	35 ct	5	65 ct	6	2,45 €
280 ct		325 ct		14,70 €	

20,75 €

Gesamtpreis

1 Im Kinderzirkus kostet der 1. Platz 5,50 €, der 2. Platz 4,50 € und der 3. Platz 3,25 €.
Folgende Karten werden verkauft: 15 vom 1., 21 vom 2. und 30 vom 3. Platz.

a) Berechne die Einnahmen für jeden Platz.

b) Berechne die Gesamteinnahme. Fülle dazu den Rechenplan aus.

2 Ein Wagen transportiert 4 Sorten von Kisten. Von der 1. Sorte wiegt jede Kiste 5 kg, von der 2. jede 3,500 kg, von der 3. jede 1,750 kg und von der 4. jede 1,250 kg. Von der 1. Sorte hat der Wagen 25, von der 2. Sorte 12, von der 3. Sorte 9 und von der 4. Sorte 15 Kisten geladen. Berechne das Gesamtgewicht. Zeichne einen Rechenplan in dein Heft.

3 Vater hat für einen Weinkauf 59,20 € bezahlt. Er kaufte 5 Flaschen für je 5,50 €, 6 Flaschen für je 3,75 € und 4 Flaschen einer dritten Sorte. Wie teuer war die 3. Sorte?

Rechne so:

a) Wie groß ist der Gesamtpreis für die ersten beiden Weinsorten?

b) Wie viel € hat der Vater von den 59,20 € für die 4 Flaschen der 3. Sorte insgesamt ausgegeben?

c) Was kostet eine Flasche der 3. Sorte?

Bei dieser Aufgabe musst du genau überlegen, welche Angaben der Text enthält und wo sie im Rechenplan einzutragen sind.

1. Sorte		2. Sorte		3. Sorte	
5	5,50 €	6	3,75 €	4	
			59,20 €		

4 Vervollständige diese Rechenpläne:

a)

3		2,60 €	4	
7,80 €		5,20 €	12,80 €	

b)

2		1,30 €	5	
11,80 €		3,90 €		
		29,20 €		

Streifen und Strecken kannst du als Lösungshilfe verwenden

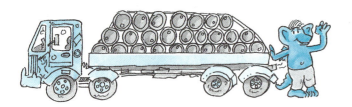

Ein Lastwagen, der mit 26 gleich schweren Fässern beladen ist, wiegt 7098 kg. Unbeladen wiegt er nur noch 2912 kg.

a) Wie viel kg wiegen die 26 Fässer?

b) Wie schwer ist ein Fass?

Bei dieser Aufgabe kommst du mit einem Rechenplan nicht weiter. Dafür kann dir so ein Streifen helfen.

Gewicht des leeren LKW
2912 kg

Gewicht der **26** Fässer

Gewicht der 26 Fässer:
7098 kg – 2912 kg = 4186 kg

Gewicht von einem Fass:
4186 kg : **26 = 161 kg**

Gewicht des beladenen LKW: **7098 kg**

---

1 Herr Huber kauft ein Auto für 12 800 €. Er gibt seinen Wagen für 3560 € in Zahlung. Den Rest will er in 12 gleichen Monatsraten bezahlen.

a) Welche Summe muss er in 12 Monatsraten bezahlen?

b) Wie groß ist jede Monatsrate? Auch hier hilft dir ein Streifen.

Übertrage die im Text gemachten Angaben in den Streifen.

2 Tina will 150 € sparen. 46,50 € besitzt sie schon. Sie hat noch 23 Wochen Zeit. Wie viel müsste sie jede Woche sparen? Zeichne einen Streifen.

3 Ein Zug fährt in A um 7.20 Uhr ab und kommt in B um 8.40 Uhr an. Von A nach B sind es 93,600 km.

Der Zug hält nicht auf der Strecke. Auch bei solchen Aufgaben macht eine Zeichnung den Sachverhalt deutlicher.

7.20 Uhr   8.40 Uhr

A   93,600 km   B

Beantworte jetzt diese Fragen:

a) Wie lange fährt der Zug? (Du musst die Zeitspanne von 7.20 Uhr–8.40 Uhr berechnen.)

b) Welche Strecke legt der Zug durchschnittlich in 1 Minute zurück? (Tipp: Für 93,600 km braucht er 80 min, wie viel km schafft er dann in 1 min?)

c) Welche Strecke legt er durchschnittlich in 1 Stunde zurück? (Bedenke: 1 h = 60 min)

4 Ein Vertreter begann eine Fahrt mit dem Auto um 7.35 Uhr. Um 8.50 Uhr war er am 153 km entfernten Ziel. Er fuhr ohne Pause.

a) Ergänze die Zeichnung.

A   B

b) Berechne dazu die Fahrzeit.

c) Welche Strecke legte er durchschnittlich in 1 Minute zurück?

d) Welche Strecke fuhr er durchschnittlich in 1 Stunde?

5 Martin fährt mit dem Fahrrad in 1 Stunde durchschnittlich 15 km. Sein Schulweg beträgt 2,750 km. Was kannst du also sofort in die Zeichnung eintragen?

A   B

a) Wie viele km fährt er in 1 Minute? (Denke daran: 15 km fährt er in 1 Stunde und 1 h = 60 min)

b) Welche Zeit benötigt er für den Schulweg? Überlege so: Wenn er 0,250 km in 1 Minute schafft, dann braucht er für den Schulweg

2,750 km : _____ km = _____

c) Wann muss er spätestens aufbrechen, wenn er um 7.45 Uhr in der Schule sein will?

So findest du Bildungsgesetze von Zahlenfolgen

1 a) Betrachte die Zahlen der Zahlen-
folge. Um welchen Betrag wachsen

b) Setze die Zahlenfolge um 4 Werte fort.

die Zahlen jeweils? _____

| 5 | 10 | 15 | 20 | 25 | | | | |

2 a) Um welchen Betrag verändern
sich die Zahlen dieser Zahlenfolge?

b) Setze die Zahlenfolge um 4 Werte fort.

Sie werden um _____ .

| 81 | 72 | 63 | 54 | | | | |

3 a) Findest du das Bildungsgesetz
dieser Zahlenfolge? Untersuche,
um welchen Wert jede folgende
Zahl wächst.

b) Setze die Zahlenfolge um 4 Werte fort.

| 3 | 5 | 8 | 12 | 17 | | | | |

4 a) Suche das Bildungsgesetz. Denke
an Aufgabe 3.

b) Setze die Zahlenfolge um 4 Werte fort.

| 100 | 95 | 89 | 82 | 74 | | | | |

5 a) Durch welche Rechnung gelangt man von 2 nach 4, von 4 nach 8, von 8 nach 16?

b) Setze die Zahlenfolge um 3 Werte fort.

2 | 4 | 8 | 16 | 32 | | |

6 a) Findest du hier das Bildungsgesetz der Zahlenfolge? Denke an Aufgabe 5.

b) Setze die Zahlenfolge um 3 Werte fort.

2 | 6 | 18 | 54 | | |

7 a) Welches Bildungsgesetz findest du für die 1., 3., 5. Zahl? Welches Bildungsgesetz gilt dagegen für die 2., 4., 6. Zahl?

b) Setze die Zahlenfolge um 4 Werte fort.

2 | 21 | 4 | 19 | 8 | 17 | | | |

8 a) Welches Bildungsgesetz findest du für die 1., 3., 5. Zahl? Welches Bildungsgesetz gilt dagegen für die 2., 4., 6. Zahl?

b) Setze die Zahlenfolge um 4 Werte fort.

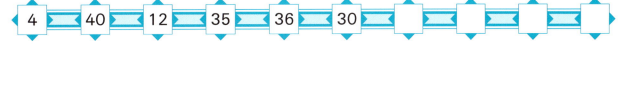

4 | 40 | 12 | 35 | 36 | 30 | | | |

Kannst du diese Zahlenfolgen ergänzen?

1 Setze die Zahlenfolgen fort:

121 | 110 | 99 | 88 | ☐ | ☐ | ☐ | ☐

2 Ergänze:

6 | 12 | 18 | 24 | ☐ | ☐ | ☐ | ☐

3 Wie geht es weiter?

729 | 243 | 81 | 27 | ☐ | ☐ | ☐

4 Setze fort:

4 | 6 | 9 | 13 | ☐ | ☐ | ☐ | ☐

5 Setze fort:

50 | 45 | 39 | 32 | ☐ | ☐ | ☐ | ☐

6 Wie geht es weiter?

3 | 80 | 6 | 40 | 12 | 20 | ☐ | ☐ | ☐ | ☐

7 Setze fort:

5 | 6 | 10 | 9 | 15 | 12 | ☐ | ☐ | ☐ | ☐

8 Ergänze:

8 | 12 | 11 | 15 | 14 | 18 | ☐ | ☐ | ☐ | ☐

Gleichungen und Ungleichungen

Gehe beim Lösen von Gleichungen und Ungleichungen
so vor: Bei allen folgenden Aufgaben interessieren uns als
Lösungen nur die Zahlen 1, 2, 3, 4, . . .

1 Welche Zahl musst du für x in die
Gleichung $2 \cdot x = 10$ einsetzen,
damit die entstehende Aufgabe
richtig ist?

_____

Welche Zahlen darfst du für x in die
Ungleichung $x < 7$ einsetzen, damit
die jeweils entstehende Aufgabe
richtig ist?

_____

Die Gleichung $2 \cdot x = 10$ besitzt die
Lösung $x = 5$, weil $2 \cdot 5 = 10$ eine
richtige (wahre) Aufgabe ist.

Die Ungleichung $x < 7$ hat dagegen
die Lösungen $x = 1, 2, 3, 4, 5, 6$, weil
jeweils $1 < 7; 2 < 7 \ldots 6 < 7$ richtige
Aufgaben sind.

Du findest die Lösungen durch probie-
rendes Einsetzen.

2 Bestimme die Lösungen für

a) $x < 6$ $x = $ _____   c) $2 \cdot x < 10$ $x = $ _____

b) $3 \cdot x = 6$ $x = $ _____   d) $4 \cdot x = 16$ $x = $ _____

3 Ermittle die Lösungen für

a) $x + 2 < 8$ $x = $ _____   c) $16 + x = 21$ $x = $ _____

b) $x + 2 = 8$ $x = $ _____   d) $16 + x < 21$ $x = $ _____

4 Welche Lösungen besitzen

a) $2 \cdot x + 5 = 13$ $x = $ _____   c) $3 \cdot x + 5 = 20$ $x = $ _____

b) $2 \cdot x + 5 < 13$ $x = $ _____   d) $3 \cdot x + 5 < 20$ $x = $ _____

Knacke diese Zahlenrätsel!

Wenn ich zum **Dreifachen** einer Zahl **14 hinzuzähle**, erhalte ich **20**.
Wie heißt die Zahl x? Löse die Aufgabe so:

3 · x   **+ 14**   **= 20**
das Dreifache der Zahl x   ⟶   14 hinzugezählt   ⟶   erhalte ich 20

Wie heißt also die Zahl x?   _2_

1 Wenn ich zum Vierfachen einer
Zahl 5 hinzuzähle, erhalte ich 21.

   a) Stelle eine Gleichung auf.

   _____

   b) Wie heißt die Zahl x?

   _____

2 Wenn ich vom Fünffachen einer Zahl
10 abziehe, erhalte ich 15.

   a) Stelle eine Gleichung auf.

   _____

   b) Wie heißt die Zahl x?

   _____

3 Wenn ich vom Zehnfachen einer
Zahl 20 abziehe, erhalte ich 30.

   a) Stelle eine Gleichung auf.

   _____

   b) Wie heißt die Zahl x?

   _____

4 Knackst du dieses Rätsel?
Ich denke mir eine Zahl. Wenn ich
vom Dreifachen der Zahl 4 abziehe,
erhalte ich 20. Wie heißt die Zahl?

   _____

Zusammenfassung

Hier wieder alles Wichtige des Kapitels im Überblick.

Begriffe	Erläuterungen
Rechenpläne	Viele Textaufgaben lassen sich mit Hilfe von Rechenplänen leichter lösen.

Beispiel:
Vater kauft **4** Flaschen Wein zu je **5 €** und
3 zu je **8 €**. Wie viel muss er bezahlen?

1. Sorte		2. Sorte	
4	5,00 €	3	8,00 €
	20,00 €		24,00 €
44,00 €			

Streifen und Strecken

Auch Streifen und Strecken kannst du als Lösungshilfen verwenden.

Beispiel:
250 t Kies sollen transportiert werden.
175 t wurden schon abgefahren.
Für den Rest stehen **5** Lastwagen zur Verfügung.
Wie viel t muss jeder laden?
Rest: 250 t – 175 t = **75 t**

75 t

175 t

250 t

Ladung eines Wagens:
75 t : 5 = 15 t

119

Zahlenfolgen

Die einzelnen Zahlen einer Zahlenfolge ergeben sich aus einem Bildungsgesetz. Sollst du eine Zahlenfolge fortsetzen, musst du dieses Gesetz ermitteln.

Beispiel:

| 4 | 5 | 8 | 20 | 12 | 80 | 16 | ... |

Betrachte jede zweite Zahl:

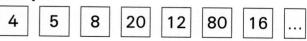

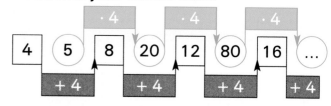

Also heißen die vier nächsten Zahlen:

| 20 | 320 | 24 | 1280 |

Gleichungen und Ungleichungen

Ausdrücke mit x wie: $2 \cdot x + 5 = 17$
$2 \cdot x + 5 < 17$

Lösungen:
Gesucht sind die **Ersetzungen für x**, die einen **richtigen Ausdruck** ergeben. Dabei sollen hier für x nur die Zahlen 1, 2, 3, ... eingesetzt werden.

$2 \cdot \mathbf{x} + 5 = 17$ **x = 6**

$2 \cdot \mathbf{x} + 5 < 17$ **x = 1, 2, 3, 4, 5**

Test

Überprüfe dein Wissen, indem du diese Aufgaben rechnest.

1 Ein spezieller Lastwagen mit vielen Extras kostet 65 300 €. Der Käufer gibt seinen Wagen für 21 740 € in Zahlung. Den Rest will er in 18 gleichen Monatsraten bezahlen.

2 Ein Wagen soll 3000 kg laden. 25 Kisten wiegen je 27,500 kg, 30 Kisten je 22,500 kg. Wie schwer muss jede Kiste einer 3. Sorte sein, wenn von ihr noch 20 verladen werden sollen?

3 Ingo geht in 1 Stunde durchschnittlich 4,500 km. Sein Schulweg beträgt 2,700 km.

a) Wie viele km geht er in 1 Minute?

b) Welche Zeit benötigt er für den Schulweg?

c) Wann muss er spätestens aufbrechen, wenn er um 7.45 Uhr in der Schule sein will?

4 Ergänze diese Zahlenfolgen jeweils um 4 Werte:

a)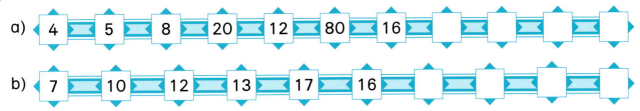

4 — 5 — 8 — 20 — 12 — 80 — 16 — ☐ — ☐ — ☐ — ☐

b) 7 — 10 — 12 — 13 — 17 — 16 — ☐ — ☐ — ☐ — ☐

5 Bestimme die Lösungen:

a) $3 \cdot x - 2 = 7$ _____

b) $3 \cdot x - 2 < 7$ _____

In deiner Umwelt gibt es viele Gegenstände, Körper, Flächen, die symmetrisch sind. Es ist also nützlich, sich mit Falten oder Spiegeln auseinanderzusetzen, weil auf diese Weise solche Figuren konstruiert werden können. Außerdem kannst Du hier die wichtigsten Eigenschaften von Würfeln und Quadern wiederholen. Sie werden dich noch lange im Geometrieunterricht begleiten.

Falten – Spiegeln

Durch Falten oder Spiegeln kannst du dir symmetrische Figuren herstellen. Gehe so vor:

Figur auf ein gefaltetes Papier zeichnen

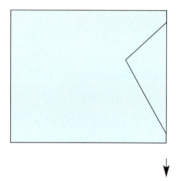

Figur mit Spiegelachsen zeichnen

Figur ausschneiden und auffalten

Eckpunkte spiegeln: A bzw A' sind jeweils gleich weit von der Spiegelachse entfernt.

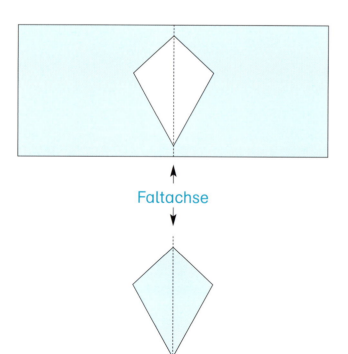

Faltachse

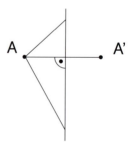

A   A'

Figur ergänzen

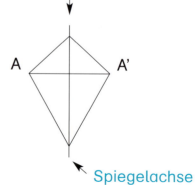

A   A'

Spiegelachse

Durch Falten oder Spiegeln entstehen **symmetrische Figuren**.
Die Faltachse und die Spiegelachse heißen auch **Symmetrieachse**.

1 Welche symmetrischen Figuren entstehen hier? Zeichne sie jeweils in dein Heft.

a)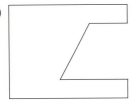

b)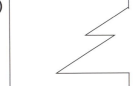

c)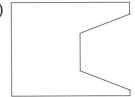

2 Spiegele hier:

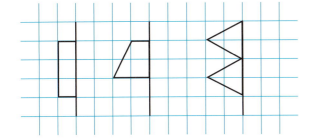

Willst du feststellen, ob eine Figur symmetrisch ist, so muss sie mindestens eine Faltachse (Symmetrieachse) besitzen. Beide Teile der Figur müssen sich also beim Falten (Spiegeln) an dieser Achse decken.

3 Sind die hier eingezeichneten Achsen wirklich Faltachsen (Spiegelachsen)? Notiere ja oder nein.

a)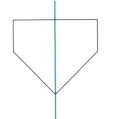

b)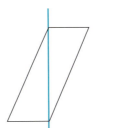

c)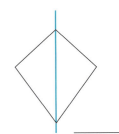

4 Welche dieser Figuren sind symmetrisch? Kannst du ihre Spiegelachse (Symmetrieachse) einzeichnen?

a)

b)

c)

123

Von Körpern zu Flächen

Wenn du einen quaderförmigen Kasten geschickt
aufschneidest und die Flächen in die Ebene
drückst, erhältst du ein Quadernetz.

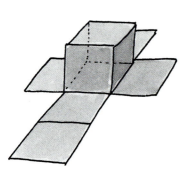 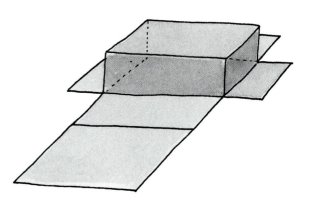

1 Könntest du hier jeweils einen
Quader zusammenfalten?
Notiere ja oder nein!

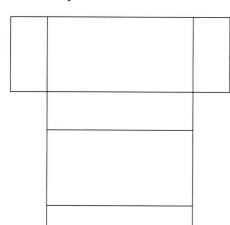 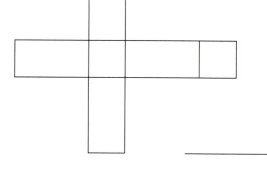

_____   _____

2 Erhältst du hier jeweils Würfel?

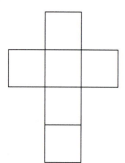   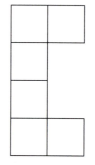   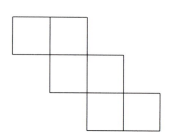

_____   _____   _____

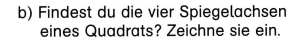

3 a) Ein Rechteck ist symmetrisch. Es besitzt sogar zwei Spiegelachsen. Zeichne sie in dieses Rechteck ein.

b) Findest du die vier Spiegelachsen eines Quadrats? Zeichne sie ein.

4 Diese Flächen sollen mit quadratischen Fliesen ausgelegt werden. Wie viele passen jeweils hinein? Zeichne sie ein und gib jeweils ihre Anzahl an.

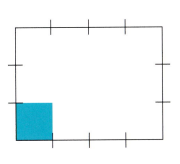

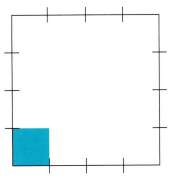

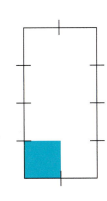

5 Du hast 6 quadratische Fliesen. Sie lassen sich zu Rechteckflächen zusammenlegen.

Wie viele Rechtecke kannst du aus 12 quadratischen Fliesen legen? Zeichne sie in dein Heft.

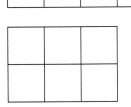

Zusammenfassung

Alles Wichtige aus dem letzten Kapitel ist hier
übersichtlich zusammengestellt.

Begriffe	Erläuterungen
Falten – Spiegeln	Durch Falten oder Spiegeln entstehen symmetrische Figuren.
Symmetrische Figuren	Besitzt eine Figur mindestens eine Faltachse (Spiegelachse), so ist sie symmetrisch.
Quader – Würfelnetz	Alle Begrenzungsflächen dieser Körper bilden die Netze.

Test

Löse diese Aufgaben und überprüfe so dein Wissen.

1 a) Welche symmetrischen Figuren entstehen? Zeichne sie in dein Heft.

b) Spiegle diese Figuren hier:

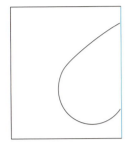 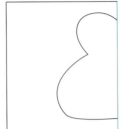 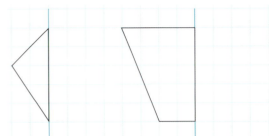

2 Welche dieser Figuren sind symmetrisch? Zeichne ihre Spiegelungsachse ein.

a)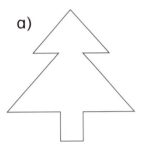

b)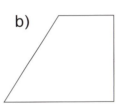

c)

3 Lässt sich hier jeweils ein Würfel zusammenfalten?

a)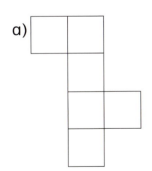

b)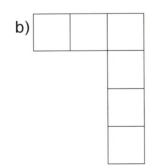

c)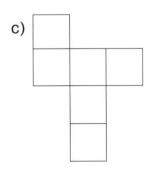

4 Du hast 16 quadratische Fliesen. Wie viele verschiedene Rechtecke kannst du daraus zusammensetzen? Zeichne sie in dein Heft.

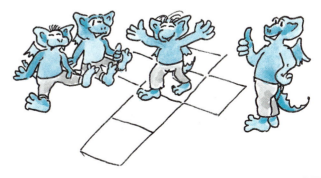

127

Die kleinen Lerndrachen

für Vorschulkinder und Grundschüler